Wolfgang Kellmeyer, Reikilehrer

AF222539

Reiki

Dein Lebensweg

mit 55 Reiki Lebensweisheiten

Reiki   Zentrum   Saar

Der Autor:

Wolfgang Kellmeyer

Nach einem längeren gesundheitlichen Problem durch einen Bandscheibenvorfall lernte ich erstmalig Reiki mit seinen wunderbaren Heilenergien kennen. Das, was die klassische Medizin nicht fertig brachte, war für diese mir noch unbekannte Energie offenbar kein Hindernis. Bereits nach einer Reikiganzbehandlung fühlte ich mich sehr viel besser. Also beschloss ich mich über Reiki zu informieren, was in der heutigen Zeit dank Internet kein großes Problem darstellte. Ich fand jede Menge Informationen und je mehr ich las, umso verwirrter war ich. Gab es doch unzählige Reikiarten und jede behauptete von sich, die beste Art zu sein. Schließlich landete ich bei Zenreiki, wo mich die Philosophie „Diese Energie bekommt du umsonst, also musst Du diese auch umsonst weitergeben" zunächst voll überzeugte. Ich beschloss, diesen Weg zu gehen. An einem meiner unzähligen Geburtstagen bekam ich dann einen Gutschein für eine Einweihung in den ersten Reikigrad nach Dr. Mikao Usui. Voller Zweifel, was ich überhaupt dort soll, bin ich nach vielem Drängen dann endlich zu meiner Reikilehrerin Elvira Kany gefahren und lies mich einweihen. Bereits während dieser Einweihung stellte ich fest, dass dies eine ganz andere – viel stärkere Energie – war. Damit war mein Weg klar vor meinen Augen und ich machte nach und nach die Ausbildung bis zum Reikilehrer bei Elvira, der ich an dieser Stelle von ganzem Herzen danken möchte für ihre Unterstützung auf meinem Reikiweg.

Anfang 2004 gründete ich dann das Reiki Zentrum Saar. In der Zwischenzeit habe ich 25 geführte Reiki Meditationen hergestellt, wovon 2 CDs ganz speziell für Kinder gemacht wurden. Ebenfalls habe ich einen Film über Reiki gedreht, der schon vielen Reikianern wertvolle Hilfestellungen gebracht hat, was aus unzähligen Danke - Mails hervorgeht.

Nachdem ich Ende 2004 die Reiki Lebenskarten entworfen hatte, stellte sich bei mir das Gefühl ein, zu jeder Karte auch Hilfestellungen geben zu müssen für die Benutzer dieser Karten. Daraus entwickelte sich dann dieses Buch.

Ich hoffe von ganzem Herzen, den Lesern dieses Buches ein paar gute Ratschläge mit auf ihrem Reikiweg geben zu können. Dies ist gar nicht so einfach, denn jeder Weg ist anders. Aus dieser Erkenntnis heraus, konnte ich natürlich nur allgemeine Ratschläge geben. Was Sie als Leser daraus machen, sei Ihnen überlassen. Aber ganz gleich, für was Sie sich entscheiden: Ich wünsche Ihnen alles Licht und ein offenes Herz voller Liebe auf Ihrem Weg.

Wolfgang Kellmeyer
Reikilehrer

Reiki - Dein Lebensweg

Vorwort

Es gibt bereits viele Bücher über Reiki. Deshalb möchte ich an dieser Stelle nicht noch ein weiteres Buch über Reiki im üblichen Stil schreiben. Dennoch werde ich versuchen, Ihnen einige grundsätzliche Dinge über Reiki mitzuteilen in der Hoffnung, Ihnen bei Ihrer Heilung dadurch einige Hilfsmittel mit auf den Weg geben zu können. Wer glaubt, Reiki sei in erster Linie eine Folge von Handpositionen um nur unsere Selbstheilungskräfte zu aktivieren ist auf dem falschen Weg. Reiki kann Ihr Leben sehr positiv beeinflussen, wenn Sie Reiki leben, wenn Sie bereit sind, sich zu akzeptieren, sich zu lieben, denn dies ist die Voraussetzung für Reiki. Sie können niemandem helfen oder ihn heilen wenn Sie selbst Hilfe benötigen oder geheilt werden müssten.

Was ich in erster Linie möchte ist, Ihnen eine kleine Hilfestellung beim Umgang mit den Reiki Lebensweisheiten zu geben.

In diesem Buch finden Sie 55 Reiki Lebensweisheiten mit ihren jeweiligen Beschreibungen. Suchen Sie sich per Zufall jeden Tag eine Lebensweisheit und leben Sie danach. Alternativ können Sie sich aber auch die Reiki Lebenskarten kaufen und damit eventuell leichter arbeiten. Mehr hierzu finden Sie am Ende dieses Buches.

Sie wissen ja, es gibt keine Zufälle im Leben. Beherzigen Sie den Spruch. Manchmal kann es vorkommen, dass Sie den Spruch nicht ganz verstehen oder aber Sie verstehen zwar den Spruch, wissen aber nicht, wie Sie mit dem Gesagten umgehen sollen. Ich habe zu jedem Spruch versucht, eine Anleitung zu geben, außerdem finden Sie weitere Hilfsmittel, mit denen Sie sich selbst, oder aber die Person, welche eine Karte gezogen hat, bei der Behandlung des dazugehörenden Problems unterstützen. Es kann sich hierbei um Reikihandpositionen handeln, aber auch Heilsteine oder Bachblüten. Ich habe ferner in diesem Buch auch eine Anleitung über Harmonisierung der Chakren mit Hilfe von Mudras oder Fußreflexmassage als kleine Hilfestellung hinzugefügt. Sie sollten keinesfalls solange einen Spruch wählen, bis Sie einen gefunden haben, welcher Ihnen gerade angenehm ist. Mehr als ein Spruch pro Tag wäre sicherlich unsinnig. Ich wünsche Ihnen viel Erfolg bei dem Einsatz der Reiki Lebensweisheiten.

Einleitung

Als Reikilehrer bin ich in meinen Seminaren immer bemüht, den Teilnehmern etwas aus meiner Sicht sehr Wichtiges mit auf den Weg zu geben: Reiki sollte man nicht nur erlernen, man muss es leben. Nur dann wirkt Reiki auf die Seele und den Körper. Anders gesagt: Reiki sollte man nicht einsetzen wie eine Kopfschmerztablette, also nur dann wenn man diese benötigt – also Kopfschmerzen hat, sondern Reiki sollte in unser tägliches Leben integriert sein. Wenn man ein Reikikanal sein möchte, sollte man alles tun, um diesen Kanal auch offen zu halten. Ein verstopfter Reikikanal verhindert, dass die universelle Lebensenergie (Qi) frei fließen kann. Durch die Einweihung in einen Reikigrad werden wir zum Kanal für die Reikienergie, unsere Körperschwingung wird erhöht. Wie aber kann man diesen Kanal offen halten? Dies ist eigentlich ganz einfach. Wir müssen nur Reiki täglich mit offenem Herzen mit viel Liebe praktizieren. Im ersten Reikigrad wird u.a. vermittelt, dass wir von nun an unsere Lebensmittel, Getränke usw. mit positiver Energie versorgen können. Aber mal ganz ehrlich, wer macht dies konsequenter Weise regelmäßig? Die erste Lebensregel lautet: „Gerade heute sei nicht ärgerlich". Wer aber kann von sich behaupten, sich nie zu ärgern? Gibt es nicht fast täglich genügend Gründe um sich zu ärgern? Suchen wir vielleicht sogar unbewusst Gründe um uns zu ärgern? Brauchen wir vielleicht den Ärger um besser die Ruhe und den Frieden zu verstehen, zu genießen? Es werden immer Gründe da sein, um uns zu ärgern. Diese Reiki - Lebensregel kann und wird dies nicht verhindern. Sie soll uns nur helfen, besser mit dem Ärger umzugehen. Wer dabei sein Herz verschließt, wird kaum eine Besserung seiner Lebensqualität erfahren. Ich denke, dies ist der springende Punkt auf unserem Reikilebensweg: Sein Herz zu öffnen, Liebe zuzulassen, zu akzeptieren, zu geben und zu empfangen ohne Angst vor Enttäuschung, denn auch diese gehören in den großen Topf der Erfahrungen die wir in unserem Leben sammeln müssen. Wir müssen lernen, mit unseren Ängsten zu leben, sie gehören zu uns, sie schützen uns. Nur wer seine Ängste akzeptiert, kann letztendlich auch damit umgehen, ja vielleicht sogar sie besiegen. Versuchen Sie es ruhig einmal. Überlegen Sie sich einmal, wovor Sie sich am meisten fürchten. Wenn Sie dies erkannt haben, bilden Sie sich einfach einen Satz: Obwohl ich Angst vor …..die Angst nennen…. habe, akzeptiere und liebe ich mich so wie ich bin. Halten Sie sich diese Angst visuell vor Ihre Augen und wiederholen diesen Satz mehrmals. Es kann ein paar Tage dauern, manchmal auch Wochen, aber Sie werden schnell merken, dass diese Angst Sie nicht mehr erschrecken kann, dass Sie sich zunehmend besser fühlen. Daran sollten wir arbeiten, ebenso sollten wir die Reikilebensregeln, zu denen ich später noch komme, uns täglich vor Augen führen und uns auch danach richten.

Was ist eigentlich Reiki?

Reiki (gesprochen: *Re-ki*) ist eine uralte Kunst, mit den Händen universelle Lebenskraft ausstrahlen zu lassen. Diese einfache Technik wurde im 19. Jh. von dem Japaner Mikao Usui wiederentdeckt und von der Japanerin Hawayo Takata nach Hawaii und in die USA gebracht. Das japanische Wort "Reiki" (universelle Energie) mag uns fremd sein, nicht aber die Technik, da Heilen mit den Händen in allen Völkern dieser Erde bekannt ist

Reiki ist in erster Stelle eine Hilfe zur Selbsthilfe. Es bewirkt tiefe wohltuende Entspannung, wirkt sich harmonisierend auf Körper, Seele und Geist aus und unterstützt die Selbstheilungskräfte. In Stress-Situationen oder einfach zur Steigerung des Wohlbefindens kann man die Hände auf sich legen und damit die eigene Gesundheit fördern und erhalten. Man könnte auch sagen, man aktiviert die Selbstheilungskräfte des Körpers.

Durch **Reiki** werden Energieblockaden oder Verspannungen gelöst, der Energiefluss unterstützt somit die geistige, seelische, mentale und körperliche Leistungsfähigkeit und die Belastbarkeit wird erhöht.

Reiki kann man auch für andere anwenden; es ist damit eine hilfreiche Unterstützung für das alltägliche Zusammenleben mit Familienmitgliedern, Kranken, Pflegebedürftigen, Tieren, unserer Nahrung und Pflanzen.

Reiki ist praktisch

Reiki ist praktisch, weil man seine Hände immer dabei hat.

Man braucht keine besonderen Gegenstände, keinen Raum, wohin man sich ungestört zurückziehen muss, sondern kann Reiki immer da einsetzen, wo man gerade ist. Man braucht einfach nur die Hände auf sich oder auf jemand anders zu legen und kurz an Reiki zu denken, und dann fängt die Energie aus den Händen zu fließen an. Man sollte sich entspannt hinsetzen oder hinlegen und sich dabei richtig Zeit für sich selbst nehmen. Gerade diese Zeit für sich nehmen kommt in unserer heutigen Gesellschaft viel zu kurz und ist deshalb so überaus wichtig für uns.

Praktisch ist auch, dass die Reiki - Energie sich jedem einzelnen anpasst.

Der Körper zieht nämlich selbst die Energie an und lässt diese Energie zu den Stellen fließen, wo sie am nötigsten gebraucht wird. Man braucht also die Reiki - Energie gar nicht zu lenken oder sonst wie zu beeinflussen, sondern nur fließen zu lassen. Reiki wirkt genau dort, wo es am Nötigsten gebraucht wird.

Praktisch ist, dass Reiki für jeden, auch für Kinder, sehr einfach anzueignen ist.

Der Grund dafür ist, dass Reiki eigentlich nicht so sehr erlernt als übernommen wird. In den Reiki - Kursen werden die eigenen Energiekanäle freigemacht, und gleich danach kann man die Fähigkeit, universelle Lebensenergie aufzunehmen und aus den Händen strahlen zu lassen, selbst erleben.

Reiki ist praktisch, weil man es spüren kann.

Man spürt schon während des ersten Reiki - Kurses, wie die eigenen Hände diese Energie weiterleiten können. Spätestens dann, wenn Sie diese Kraft spüren, merken auch die, die sich mit gesunder Skepsis auf einen Kurs eingelassen haben, dass Reiki etwas ganz Handfestes ist. Bei den allermeisten fühlen sich die Hände "heiß" an, andere merken ein Kribbeln in den Fingern oder auf dem Handteller. Oft spürt man auch ein Kribbeln an den Fußsohlen, wenn sie Energie von der Erde aufnehmen und in den Körper weiterleiten.

Praktisch ist, dass man diese Energie von außerhalb einnimmt - von der Erde und von der Natur vom Universum schlechthin.

Folglich wird man nicht müde, wenn man anderen Reiki gibt. Im Gegenteil - man fühlt sich nachher erfrischt, da ein Teil der Energie einem selbst zufließt. Man gibt nur die Energie ab, welche man selbst im Moment nicht benötigt.

Wie man sieht, ist Reiki rundherum eine ganz praktische und handfeste Sache!

Reiki und Selbstheilungskräfte

Eine wichtige Wirkung von **Reiki** ist die Tiefenentspannung. Warum so wichtig? Weil gerade die Tiefenentspannung die Selbstheilungskräfte ungemein befördert.

Ein Beispiel: Drücken Sie eine Hand fest zu einer Faust und schauen Sie sie dabei an. Sie merken sofort, wo Stellen an der Hand gelblich werden, weil das Blut nicht dahin fließen kann, und andere Stellen dunkelrot anlaufen, weil das Blut sich da staut. Es ist somit klar, dass, wenn ein Körperteil sich verkrampft, das Blut und die Lymphflüssigkeit nicht mehr ungehindert hindurch fließen können. Und dadurch können die heilenden Blutkörperchen, Vitamine und andere Substanzen nicht zu den Körperteilen gelangen, wo sie gebraucht werden.

Es ist schon wie ein Wunder, dass unser Körper weiß, wie er sich gesund machen soll. Stellen Sie sich vor, wir bekämen eine kleine Schnittwunde am Finger und müssten mit unserem Kopf die Heilungsprozesse steuern, wie: "Zuerst muss viel Blut zu der Stelle laufen, oder wäre mehr Lymphflüssigkeit besser? Und dann viel Vitamin K, oder war es Vitamin A? Und was mache ich noch mal, wenn Keime eingedrungen sind?" Nein, wie können dankbar sein, dass unser Körper die Selbstheilungsprozesse selbst in Gang setzt. Aber arbeiten lassen und unterstützen müssen wir ihn schon, und die Entspannung ist dabei ungeheuer wichtig. Jeder kennt sicherlich den Satz: sich gesund schlafen.

Oft aber verkrampfen wir uns gerade, wenn etwas weh tut. Wir stoßen unseren Zeh, und sofort greifen wir nach dem Fuß und pressen unsere Hände fest um ihn herum. Oder wenn wir Angst vor Schmerzen haben, ist unser Körper ein einziger Krampf. Warum? Weil wir die Erfahrung gemacht haben, dass, wenn kein Blut an eine Stelle fließt, wir auch keinen Schmerz empfinden können.

Denken Sie daran, wie ein Fuß "einschläft", wenn wir die Beine eine Zeitlang unglücklich übereinander geschlagen haben. Kein Blut fließt mehr hin, der Fuß wird taub, und wir spüren nichts mehr. Nun stellen Sie sich vor, statt die Beine auseinander zu nehmen und Blut durchfließen zu lassen, würden wir ein festes Band um das Bein knoten, um die Taubheit zu verlängern: Der Fuß würde am Ende absterben. Man sieht: Verkrampfungen mögen uns kurzfristig vom Schmerz "befreien", sind aber auf Dauer gesundheitsschädigend, da sie den Blutfluss verhindern.

Manche Verkrampfungen sind uns bewusst, andere aber weniger bewusst. Zum Beispiel, halten wir oft unbewusst unseren Kiefer gespannt, oder wir knirschen mit den Zähnen im Schlaf, oder sind morgens beim Aufwachen steif, weil wir in einer verkrampften Position geschlafen haben. Auch können innere Organe sich verkrampfen, ohne dass wir es merken, und der Blutzufluss ist vermindert.

Jetzt zurück zu unserer Faust (die Sie hoffentlich nicht die ganze Zeit gedrückt haben!). Wenn Sie nun die Faust eine Minute lang fest zudrücken und dann loslassen, spüren Sie in der Handfläche ein leichtes Kribbeln oder sogar eine leichte Wärme, wenn das Blut wieder hineinfließt. So spüren die meisten Menschen die Wirkung von **Reiki** - als ein Kribbeln oder eine Wärme. Das ist ein Zeichen, dass Lebensenergie in den Körper hineinfließen und die Selbstheilungskräfte unterstützen kann.

Berührungsarmut

Gerade in unseren Breitengraden leiden die Menschen unter Berührungsarmut. Wenn wir jemanden treffen und ihn begrüßen achten wir aufgrund unserer Erziehung auf mindestens 60 cm Sicherheitsabstand. Wir strecken unsere Hand weit aus um „Guten Tag" zu sagen. Dabei sehnen wir uns aber nach Berührung. Manche Reikipraktizierende behandeln lediglich über die Aura. Ich finde dies schade denn gerade die Berührung beim Handauflegen kann so gut tun und ist sicherlich auch ein Grund dafür, die Selbstheilungskräfte zu aktivieren. Beim Empfänger kommt neben der Reikienergie folgendes an: „Da ist jemand, der sich liebevoll um mich kümmert". Wenn wir uns als Kinder verletzt haben sind wir ganz schnell zur Mama gerannt die uns dann liebevoll auf den Schoß genommen hat. Diese enge Berührung hat uns den entstanden Schmerz ganz schnell vergessen lassen.

Welche Vorkenntnisse braucht man?

Man braucht für **Reiki** keine Vorkenntnisse, auch keine Konzentrationsübungen wie z.B. beim autogenen Training oder Yoga. Man erlebt in den **Reiki** - Kursen, wie die Energiekanäle freigemacht werden. Gleich danach fließt die **Reiki** - Energie durch ihre Hände und immer dahin, wo sie gebraucht wird. Die Bewegung der Energie im Körper wird meistens als Wärme, manchmal auch als Kribbeln oder Pulsieren wahrgenommen.

Man kann **Reiki** zu jeder Zeit anwenden - da, wo man gerade ist. Am Arbeitsplatz hat man manchmal eine Hand frei, um sie auf das Bein zu legen und sich so ganz nebenbei **Reiki** zu geben. Beim Telefonieren kann man der Brust **Reiki** geben, im Bus dem Bauch. Zuhause kann man sich beim Lesen oder einfach zur Entspannung **Reiki** geben. Zum Einschlafen kann es Erwachsenen sowie Kindern wohl tun. Bei Menschen, die in medizinischen oder Pflegediensten arbeiten, unterstützt **Reiki** ihre Arbeit. Die Möglichkeiten, **Reiki** im Alltag einzusetzen, sind vielfältig.

Reiki als Hilfe und Selbsthilfe

Menschen in helfenden Berufe und Positionen (dazu zähle ich auch Eltern) schätzen **Reiki**, weil es hilft, ein Umfeld von Entspannung und Wohlsein zu schaffen. Zum Beispiel, wenn ein Masseur oder eine Masseuse am Wochenende einen ersten **Reiki** - Kurs besucht hat, sagen viele Kunden während der nächsten Wochen, "Was sind Ihre Hände heute so warm! Was machen Sie diesmal anders?" Dabei hat der Masseur oder die Masseuse vielleicht gar nicht an **Reiki** gedacht. Und trotzdem hat **Reiki** gewirkt.

Das ist so, weil bei **Reiki** das Herz eine entscheidende Rolle spielt. Nachdem der Körper die **Reiki** - Energie von der Erde und der Natur aufgenommen hat, leitet er die Energie zuerst zum Energiefeld des Herzens. Erst dann, vom Herzen aus, fließt diese Energie die Arme hinunter und aus den Händen. Viele **Reiki** - Praktizierenden haben deswegen gemerkt, wenn sie jemanden vor sich haben, der ihre Hilfe beansprucht - also jemand, zu dem gewissermaßen ihr Herz sich öffnet - dass die **Reiki** - Energie ganz automatisch anfängt, hinaus zu fließen, und ihre Hände "von alleine" heiß werden.

Bei unserer Hilfsbereitschaft für andere, ist es wichtig, auch uns selber etwas Gutes zu tun: "Liebe deinen Nächsten wie dich selbst". Selbsthilfe ist demnach ein wichtiges Thema bei **Reiki**. Gerade Menschen, die tagtäglich anderen helfen sollen, müssen darauf achten, dass sie sich weiterhin voller Energie, Freude und Ruhe einsetzen können.

In **Reiki** - Kursen lernt man zuerst, sich selbst **Reiki** zu geben. Man wird angeleitet, sich jeden Tag **Reiki** zu gönnen. Manche geben sich dann **Reiki** als Energiespende als erstes am Morgen, andere zur Entspannung beim Einschlafen am Abend. Wieder andere nehmen sich während eines vollen Tagespensums eine wohltuende **Reiki** - Pause - vielleicht während das Kind schläft, oder die Patienten und Klienten Mittagsruhe haben oder die pflegebedürftige Mutter sich ausruht. Wenn man wieder bei Kräften ist, kann man erneut an das Alltag gehen und beruhigend und hilfsbereit auf andere Menschen zugehen.

Was sind Reiki - Einweihungen?

Die **Reiki** - Kraft ist universelle Lebensenergie, die um uns herum in der Natur zu finden ist. In den Kursen wird man durch Einweihungen befähigt, mit dieser Kraft der Natur in Einklang zu kommen und sie für sich und andere zu nutzen.

Jede Person hat von Geburt an Energiekanäle im Körper, z.B. die Nervenbahnen, die Blutbahnen oder die Wirbelsäule. Der Mensch hat auch andere Energiekanäle, die in Japan oder China als "Meridiane" bekannt sind, den Körper durchlaufen und in den Händen oder Füssen enden. Fußreflexzonenmassagen regen diese Enden und dadurch die ganzen Kanäle, die oft durch wichtige Organe laufen, an. Auch werden bei der Akupunktur durch Nadeln, bei der Akupressur durch Fingerdruck, oder bei Shiatsu durch Finger-, Hände- Arm- und Ellenbogendruck die Kanäle an bestimmten Punkten angeregt.

Der Mensch nimmt Energie durch bestimmte Kanäle auf. Allen ist bekannt, wie wir Energie durch Atmen, Essen und Trinken aufnehmen. Man denkt weniger oft daran, wie wir darüber hinaus Energie zu uns nehmen. Durch die Haut z.b. nehmen wir Wärme auf oder geben sie ab. Wir können durch die Ohren oder durch den ganzen Körper Schwingungen, z.b. von lauter oder sanfter oder belebender Musik oder von einem Trommelschlag, aufnehmen. Von der Sonne oder vom Mond nehmen wir - wie auch Pflanzen und Gewässer - Energie an; oft spürt man beim Vollmond die erhöhte Energie und hat dann Schwierigkeiten einzuschlafen. Wenn wir im Wald oder an der See spazieren, "tanken" wir Energie auf, wogegen, wenn wir in einer Großstadt herumlaufen, oft Energie verlieren. Manche Menschen spüren auch, wie sie in der Gegenwart von anderen Menschen Energie bekommen oder verlieren. Für jeden verständlich ist die Tatsache, dass wir Energie bekommen, wenn wir liebevoll gestreichelt werden.

Die Stellen am Körper, wo wir diese feineren und oft wirkungsvolleren Energien aufnehmen, werden "Chakras" genannt, weil sie sich wie kleine "Räder" drehen und dadurch Energie einsaugen, ähnlich einem Wirbelsturm oder Strudel, wenn Wasser aus der Badewanne fließt.

Durch diese Zentren nehmen wir Energie ein und geben sie ab.

Die größten und wichtigsten Chakren sind die primären Chakren, und zwar kommt die Energie durch:

1. das Würzel-Chakra (zwischen den Beinen von unten),
2. das Sakral-Chakra (unterhalb des Nabels, vorne und hinten),
3. das Solarplexus-Chakra (untere Rippen, vorne und hinten),
4. das Herz-Chakra (am Herz, vorne und hinten),
5. das Hals-Chakra (vorne und hinten),
6. das Stirn-Chakra (vorne und hinten), und
7. das Kronen-Chakra (von oben durch die Schädeldecke).

Es gibt noch weitere wichtige Chakren (z.b. die Handflächen und Fußsohlen, über die wir **Reiki** - Energie abgeben) und kleinere, sekundäre Chakren. In jedem Gelenk finden wir ein Chakra. Im asiatischen Raum geht man von über 100 000 Chakren beim Menschen aus.

Diese Chakren arbeiten die ganze Zeit für uns, wenn wir uns auch meistens ihrer nicht bewusst sind. Wir spüren ihre Arbeit sehr deutlich, wenn es uns warm ums Herz wird, oder wir Angst im Bauch spüren, oder es uns klar im Kopf wird.

Die Energie-Kanäle sind bei der Geburt im Wesentlichen frei, aber durch negative Einflüsse und Lebenserfahrungen werden die Chakren und die Kanäle verstopft, sofern wir negative Erfahrungen verdrängen oder ignorieren und sie unverarbeitet und erstarrt im Körper oder im Energiefeld ablagern. Es gibt aber immer wieder Menschen, deren Energiebahnen noch weitgehend frei sind. Das sind die Menschen, die eine Wärme oder ein Kribbeln oder eine Heilenergie in ihren Händen spüren. Sie werden manchmal "Geistheiler" genannt.

Ich bin überzeugt, dass jeder Mensch diese Fähigkeit, Energieströme bewusst durch die Kanäle schicken zu können, entwickeln kann, wenn auch über Monate oder Jahren. Es gibt in der ganzen Welt Schulen und Systeme, die diese eingeschlummerte Fähigkeit in ihren Schülern entwickeln.

Im Gegensatz zu anderen Methoden von Händeauflegen wird die Fähigkeit, **Reiki** durch die Hände fließen zu lassen, durch eine Einstimmung (auch Einweihung oder Einführung genannt) weitergegeben. Während den vier Einstimmungen des ersten Reikigrades, die jeweils ungefähr 20 - 30 Minuten dauern, schickt der Lehrer oder die Lehrerin einen erhöhten Energiestrahl durch bestimmte Energiekanäle des Körpers, z.B. durch die Schädeldecke nach unten, durch den Unterbauch nach oben und durch die Hände und Füße zum Herz. Die Kanäle werden gereinigt und Energie kann sofort nach der Einstimmung in den Körper hinein und aus den Händen fließen.

Ein großer Vorteil der Einstimmung ist, dass sie Monate oder Jahre der Einübung einspart. Auch macht sie es möglich, dass die **Reiki** - Gebende nicht ermüdet, im Gegensatz zu vielen, die andere Arten von Händeauflegen praktizieren und dabei ihre eigene Energie gebrauchen. Die **Reiki** - Gebende aber holt ihre Energie von außen durch die Chakren, nicht vom eigenen System. Man bekommt Energie von der Erde, von der Natur, und vom Universum. Wenn man jemand anders

Reiki gibt, ist man selber danach erholt, da die Energie durch einen geflossen ist, und ein Teil dieser Energie bei einem selbst geblieben ist.

Ist Reiki - Energie nachweisbar?

Ich weiß, dass es Reiki - Energie gibt, weil ich es selber spüren kann.

Wenn ich meine Hände auf mich lege und an **Reiki** denke, spüre ich ein Kribbeln, eine Wärme, ein Fließen, ein Ziehen und/oder ein Pulsieren in meinen Händen oder anderswo in meinem Körper. Ich könnte das vergleichen mit der Kraft eines Magnets - ich sehe sie nicht, spüre aber in meiner Hand das leichte Ziehen des Magnets, wenn ich ihn meinem Kühlschrank näher bringe. Es ist also keine reine "Glaubenssache", sondern eine spürbare Erfahrung. Ähnlich ist es bei der **Reiki** - Kraft - ich spüre sie eindeutig in Händen und Körper.

Ich weiß auch, dass es Reiki - Energie gibt, weil ich die Wirkung merken kann.

Ich merke eine Entspannung, ein Wohl tun und eine Anregung meiner Selbstheilungskräfte, z.B. bei den Anfängen einer Erkältung. Wo ich früher 14 Tage unter einer Erkältung erlitten habe, bin ich jetzt nach 1-3 Tagen meistens wieder gesund bzw. bekomme erst gar keine Erkältung mehr. Am meisten merkt man die Wirkung bei Tieren. Tiere werden sichtbar nicht nur auf der körperlichen Eben geheilt sondern auch auf der seelischen. So hatte ich eine Katze, welche extrem scheu war bis sie krank wurde. Innerhalb weniger

Behandlungen war die körperliche Krankheit verschwunden, das Fell der Katze wurde samtweich und glänzend und so ganz nebenbei war auch die Scheuheit verschwunden. Die Katze kam plötzlich und wollte Streicheleinheiten und natürlich ihre Portion Reikienergie. Das gleiche stellte ich auch bei einem Pferd nach dessen schweren Unfall fest. Das Pferd war nach dem Unfall so verängstigt, dass es nicht einmal mehr die Besitzerin in die Pferdebox lassen wollte. Nach nur einer Behandlung von außerhalb der Box konnte ich bereits am nächsten Tag in die Box gehen und dem Pferd die Hände auflegen.

Diese Kraft ist messbar.

In zahlreichen Untersuchungen war die Kraft des Handauflegens (wovon **Reiki** eine japanische Lehrmethode ist) in vielen Punkten mit den Wirkungen der Magnetkraft vergleichbar. In Frankreich nennt man einen Handaufleger auch ein "Magnetiseur". Folglich hat man versucht, mit immer empfindlicheren magnetischen Messgeräten diese Kraft aus den Händen zu messen. In dem amerikanischen Buch "Vibrational Medicine" ("Schwingungsmedizin"), von dem Mediziner Dr. Richard Gerber geschrieben, wird darüber berichtet. 1985 ist es Dr. John Zimmerman gelungen, mit einem hochsensiblem SQUID (superleitendes Quantum-Interferenz-Gerät) erhöhte magnetische Ausströmungen, 100 mal höher als die normale Körperaktivität, aus den Händen von Handauflegern während einer Heilsitzung zu messen (veröffentlicht in der wissenschaftlichen Zeitschrift "Brain/Mind Bulletin", Ausgabe 10, Nr. 16). Solche wissenschaftlichen Erkenntnisse untermauern unsere eigene Wahrnehmungen und Erfahrungen von **Reiki**.

Wie wird Reiki unterrichtet?

Traditionelle **Reiki** - Kurse nach dem Usui - System natürlicher Gesunderhaltung sind gerade aufgrund seiner einfachen Handhabung von jedem Menschen, auch von Kindern, leicht nachvollziehbar. Nach einem Kurs von 2 Tagen kann man sofort **Reiki** für sich selbst, für die Familie und Freunde, sogar für Haustiere und Hauspflanzen einsetzen. **Reiki** - Kurse werden in vier Stufen unterrichtet.

Reiki 1 öffnet die Kanäle, damit der Kraftfluss sofort durch die Hände fließen kann.

Reiki 2 verstärkt den Kraftfluss und ermöglicht es, Kraft über Raum und Zeit zu schicken.

Reiki 3 ("Meister"/ "Meisterin") verfeinert und verstärkt den Kraftfluss erheblich.

Reiki 4 (die Lehrerausbildung) befähigt einen, Kurse in Reiki 1, 2 und 3 zu halten und dabei Kursteilnehmer und Kursteilnehmerinnen in die Reiki - Kraft einzustimmen

Reiki und Religion

Reiki ist absolut religionsfrei. Dies bedeutet, dass es nicht wichtig ist irgendeiner Religion anzugehören. Ich hatte bereits Menschen der unterschiedlichsten Glaubensrichtungen in meinen Kursen, auch Menschen die aus ihrer Kirche ausgetreten waren. Seltsamerweise kam dann die Auskunft, dass Reiki ihnen dabei geholfen hat wieder an ihren Gott zu glauben. Lediglich die oft vorgefundene Intoleranz mancher irdischen Vertreter Gottes auf Erden war dann eventuell noch ein Problem. Oft höre ich den Satz: Reiki sei eine Sekte. Leider stellt man dann ganz schnell fest, dass solche Sätze von Menschen kommen, die sich gar nicht richtig über Reiki informiert haben aber sich gleich schon einmal dazu berufen fühlen ein Urteil auszusprechen. Dies lehnt jede Religion in ihren Grundsätzen ab. Reikianer glauben an die Kraft von Licht und Liebe, beides wurde wissenschaftlich als heilend nachgewissen.

Glück und Gesundheit hat nichts mit Zufällen zu tun. Das Talent zum Glücklichsein ist jedem Menschen angeboren. Das kann man leicht feststellen, wenn man Kinder spielen sieht: Sie strahlen eine innere Freude und Unbekümmertheit aus, welche dann durch äußere Einflüsse wie Erziehung und negative Erfahrungen leider oft verloren geht. Blockaden entstehen welche mit Reiki leicht wieder beseitigt werden können indem sie aufgelöst werden. Wird Reiki dann zu unserem Wegbegleiter liegt es alleine in unserer Hand wieder glücklich, gesund und unbekümmert unser Leben zu leben.

Nachfolgend möchte ich die fünf Lebensregeln erklären

Die Fünf Lebensregeln des Meiji-Kaisers, von Dr. Mikao Usui handschriftlich für den Reiki - Praktizierenden verfasst.

Kyo dake wa
Nur heute

Okoru-na
Sei nicht ärgerlich

Shimpai suna
Sorge dich nicht

Kansha shite
Sei dankbar

Goo hage me
Arbeite hart (gemeint ist die Meditationspraxis)

Hito ni shinsetsu ni
Sei nett zu deinen Mitmenschen (heutzutage sind alle Lebewesen gemeint)

Asa yuu gassho shite, kokoro ni nenji, kuchi ni tonaeyo
Morgens und abends sitze in der <u>Gassho-Haltung</u> und wiederhole diese Worte laut und in deinem Herzen

Shin shin kaizen
Verbesserung von Körper und Seele

Oft sind es Blockaden in unseren Energiezentren oder den Energiebahnen (Meridianen), die zu Problemen entweder im seelischen Bereich oder dem körperlichen Bereich führen. Einige Beispiele möchte ich hier aufführen: Ängste sitzen sehr oft im Magen oder auch in den Knien. Sie haben sicherlich schon die alten Weisheiten gehört: „das ist mir auf den Magen geschlagen" oder „mir zittern die Knie" wenn Sie sich vor etwas fürchten. Mit Reiki können Sie in diesen Fällen bei einer Behandlung der Kniechakren oder des Magenbereiches schon einiges bewirken. Ein anderes Beispiel wäre Kommunikationsprobleme, wenn Sie einen Klos im Hals spüren, der immer dann auftaucht, wenn Sie das Gefühl haben, etwas Falsches zu sagen. In diesem Falle reicht es nicht nur Reiki auf das Halschakra zu geben, sondern hier muss dringend auch das Solarplexuschakra versorgt werden, da meistens ein vermindertes Selbstwertgefühl Ursache für einen Klos im Hals ist.

Alles angeborene und erlernte Wissen macht unser Wesen aus. Wir haben darauf keinen Einfluss aber wir können etwas dafür tun, dass uns dieses Wesen nicht zur Geißel macht. Wer Reiki nicht nur nutzt sondern auch wirklich lebt, hat bereits einen wichtigen Schritt in diese Richtung getan. Unser Körper und unsere Seele senden ständig Signale, aus denen wir erkennen können wo unsere Probleme oder Blockaden zu suchen sind. Wir müssen als Erstes lernen, diese zu erkennen und im zweiten Schritt, bereit sein, etwas für Körper und Seele zu ändern, dies heißt zu tun!
Wir sollten z.B. prüfen, ob wir uns nicht zu viel Last auf gebürgt haben, was dann letztendlich dazu führt, dass wir

ständig über Kreuzschmerzen klagen. Müssen wir uns unbedingt immerfort mit negativen Einflüssen rumärgern? Sind wir wirklich immer Schuld, wenn es in unserem Umfeld jemandem schlecht geht? Ist nicht jeder für sein Leben selbst verantwortlich? Warum machen wir uns also verrückt, nur damit es anderen gut geht? Brauchen wir dies vielleicht als Selbstverteidigung, als Rechtfertigung? Sind wir nur so wirklich gute Menschen? Leiden wir selbst vielleicht unter dem sogenannten Helfersyndrom? Denken Sie einmal darüber nach und Sie werden erstaunt sein, was am Ende dieser Gedanken für eine einfache Lösung steht.

Was kann Reiki eigentlich bewirken?

Reiki wirkt immer auf Geist und Körper ganzheitlich, wobei nach meiner Erfahrung die Seele als erstes geheilt wird. Dies ist auch gut so, da viele körperliche Probleme eine seelische Ursache haben. Ein sehr gutes Beispiel hierfür ist das heute oft vorkommende Mopping auf der Arbeitsstelle. Dies schlägt jedem sicher auf den Magen und wenn nichts dagegen getan wird, ist das Magengeschwür die logische Schlussfolgerung. In diesem Falle können wir zwar den Magenbereich mit Reiki behandeln, wir werden aber nur einen kurzfristigen Erfolg verbuchen, wenn wir die seelische Belastung ignorieren. Hier muss zwingend auch das Solarplexuschakra mit behandelt werden um das Selbstbewusstsein zu stärken.

Reiki wirkt durch mehrere Komponenten. Die wichtigste Komponente ist sicher der Umstand, dass der Mensch, den Sie behandeln das Gefühl hat, dass jemand da ist, sich Zeit für ihn nimmt, ihm helfen möchte. Ein ganz wichtiger Faktor hierbei ist diese Zeit. Auch wenn Sie als Reikimeister in viel kürzerer Zeit die gleiche Menge an Energie abgeben können wie jemand, der in den ersten Reikigrad bei 40 Minuten abgeben kann, sollten Sie sich für eine Ganzbehandlung auch mindestens 40 Minuten Zeit nehmen. Die Entspannung während der Behandlung ist sehr wertvoll. Genauso wichtig ist sicherlich die Energieschwingung, die wir während der Behandlung abgeben. Diese regt die Selbstheilungskräfte des Körpers an. Dies bedeutet, dass nicht die Energie selbst heilt, sondern der Körper wird dazu angeregt, sich selbst zu heilen. Hierzu ist ein harmonisches Umfeld während der Behandlung sehr vorteilhaft. Dieses kann durch beruhigende Hintergrundmusik oder aber auch durch den Einsatz von Räucherstäbchen unterstützt werden. Die 3. Komponente ist die wohltuende Wärme, die wir mit unseren Händen abgeben. Viele Behandlungsmethoden auch in der klassischen Medizin arbeiten mit Wärme. Ich möchte hier nur die Fangopackungen oder Mikrowellenbestrahlung als Beispiele anführen. Bei Verbrennungen sollte man aber immer mindestens 20 cm Abstand einhalten und auch die Behandlung nur auf wenige Minuten beschränken, da in diesen Fällen Wärme oft zusätzliche Schmerzen verursachen können.

Oft kommen Menschen zu uns, für die Reiki die letzte Hoffnung darstellt. Sie waren bereits bei vielen Ärzten, Heilpraktikern und es konnte ihnen nicht geholfen werden. Diese so genannte „letzte Hoffnung" sollten wir ernst nehmen ja sogar positiv in die Behandlung integrieren ohne aber Versprechungen zu machen. In diesen Fällen ist die Bereitschaft und der Wille gesund zu werden, sehr stark vorhanden, also der ideale Nährboden für die Reikienergie.

Sicher habe ich schon recht viele plötzliche Heilerfolge erlebt, Kopfschmerzen oder Bauchschmerzen waren unmittelbar nach der Behandlung wie weggeblasen, trotzdem warne ich immer wieder davor, Reiki als Wunderheilung zu betrachten. Wenn man Reiki richtig lebt, kann dies vor vielen Krankheiten schützen oder falls diese doch auftreten, den Heilungsprozess erheblich beschleunigen. Ein typisches Beispiel hierfür bin ich selbst. Bevor ich Reiki praktizierte, zog ich wie einen Magnet jeden Grippevirus an. Dies bedeutete im Klartext, dass ich oft von November bis in den März mit jeweils unterschiedlichen Grippenviren infiziert war und dadurch mein Immunsystem doch sehr in Mitleidenschaft gezogen wurde. Seit ich Reiki praktiziere, hatte ich keinerlei Grippen mehr, bestenfalls mal ein kleines Kratzen im Hals, welches nach ein paar Stunden wieder weg war. Ebenfalls hatte ich einen Bandscheibenvorfall, welcher mich früher immer mehrere Wochen außer Betrieb gesetzt hatte. Dieser war nach ein paar Tagen verschwunden und ich konnte mich wieder ganz normal bewegen. Wie gesagt, Reiki kann keine Wunder vollbringen, aber es kann das Leben sehr viel lebenswerter machen. Dies gilt auch insbesondere für seelische Leiden wie Stress oder Depressionen. Das ganze Wesen eines Menschen kann sich vorteilhaft verändern, man wird ruhiger und ausgeglichener, wir finden unsere innere Balance, und dies wirkt sich sehr positiv auf unsere Umwelt aus. Frei nach dem alten Sprichwort: „Wie man in den Wald hineinruft, so kommt es als Echo wieder zurück". Ich möchte an dieser Stelle unbedingt darauf hinweisen, dass Reiki nicht den Besuch beim Arzt oder Heilpraktiker ersetzen kann und sollte. Als Begleittherapie zu egal welchen Krankheiten ist es aber auf jeden Fall sehr zu empfehlen, ja unbezahlbar, da alle Heilungsprozesse beschleunigt werden und auftretende Nebenwirkungen verringert werden. Wer sein Immunsystem dauerhaft stärken möchte, muss aber auch wirklich Reiki leben. Es reicht nicht einfach einmal ein Seminar zu besuchen und dann zu hoffen, dass man nicht mehr krank wird oder falls bereits geschehen, am nächsten Tag bereits wieder gesundet ist. Gerade bei sehr schweren Krankheiten wie Krebs oder auch Aids sollte eigentlich immer auch Reiki als Begleittherapie angenommen werden. Leider ist es oft so, dass selbst in aus medizinischer Sicht aussichtslosen Fällen von vielen Ärzten diese Möglichkeit nicht angenommen ja oft sogar als unwirksam abgestempelt wird. Alleine bereits die Hoffnung des Patienten ist in diesen Fällen schon sehr heilsam. Warum dieses den Patienten oft ausgeredet wird ist für mich nur sehr schwer nachvollziehbar. Heilen durch das Auflegen von Händen wird in allen Völkern dieser Erde praktiziert. Nicht immer wird diese Heilmethode als Reiki bezeichnet, aber letztendlich ist es überall gleich. Instinktiv legen sich Menschen überall auf unserem Planeten die Hände auf schmerzende Stellen. Sie tun dies, weil sie instinktiv wissen, was gut für sie ist. Diese Tatsache spricht bereits für sich alleine.

Das Bauchhirn

Sicher haben Sie schon davon gehört, dass wir zwei Gehirne haben, eins ist im Kopf und für unser logisches Denken zuständig, das andere sitzt im Bauch und ist für unser Gefühl zuständig. Hören Sie auf dieses Bauchhirn. Es wird Ihnen keine logischen Gründe liefern, aber es irrt sich nie und meint es immer gut mit Ihnen. Wenn Ihr Bauchgefühl sagt, Sie sollten dies oder jenes nicht tun, dann sollten Sie auf jeden Fall die Finger davon lassen auch wenn Ihr Verstand viele Gründe dafür liefert, es doch zu tun. Wissenschaftlich gesehen hat das Bauchhirn die gleichen elektronischen Schwingungen wie das Kopfhirn. Der gesamte Verdauungsapparat des Menschen ist von mehr als 100 Millionen Nervenzellen umgeben. Das ist freilich nur ein kleiner Prozentsatz dessen, was unsere zentrale Schaltstelle, das Gehirn, zu bieten hat. Aber für die Randgebiete unseres Nervensystems stellt das eine ungewöhnlich hohe Konzentration an Neuronen dar. US-Wissenschaftler entdeckten erst vor einigen Jahren, dass diese Nervenzellen zusammenarbeiten. Sie bilden ein eigenes System der Informationsverarbeitung. Sie analysieren Signale aus der Verdauung und leiten die Ergebnisse zentral an den Kopf weiter. Wir haben es in der Tat mit einer zweiten, kleineren Schaltzentrale unseres Körpers zu tun. Es wurde festgestellt, dass das 'Bauchhirn' auch Erinnerungen speichern kann, es verwendet die gleichen Botenstoffe wie das Kopfhirn und steht mit diesem in dauernder Verbindung. Wissenschaftler haben sogar Endorphine nachweisen können. Und bei manchen Entscheidungen zieht ja tatsächlich der 'Kopf den Bauch zu Rate'. Der Bauch hat emotionale Erinnerungen gespeichert, etwa bei früherem Erfolg oder Misserfolg. Wir entscheiden dann intuitiv, halt 'aus dem Bauch heraus'. Die Empfindungen und Reaktionen des Bauchhirns werden permanent ins Kopfhirn gemeldet und dort in einem bestimmten Bereich gespeichert und ausgewertet. Der Informationsaustausch vom Kopfhirn Richtung Bauch ist dagegen sehr gering.

Babys werden mit Nervenzellen in Kopf und Bauch geboren. Diese entwickeln sich in einem stetigen Lernprozess rasch weiter. Die ersten elementaren Lebensäußerungen spielen sich im Bauch ab: Hunger löst kräftiges Schreien aus, und das Stillen des Hungers führt wiederum zum Wohlbefinden. Ebenso verhält es sich mit Emotionen wie etwa Angst oder dem anderen Extrem, den Schmetterlingen im Bauch wenn wir verliebt sind. All dies wird im Bauch gespürt. Diese Signale mobilisieren Bauch und Hirn, um Lösungen zu finden. Das Bauchhirn fühlt und erinnert sich. Die Kommunikation mit dem Kopfhirn festigt dann die Erfahrung

Kein Wunder, dass unser Bauch besonders sensibel auf Kummer und Stress reagiert. Jede seelische Belastung stört das empfindliche Zusammenspiel von Kopf- und Bauchgehirn. Signale werden verfälscht oder gelangen nur bruchstückhaft an ihren Bestimmungsort. Reizmagen, Völlegefühl und Durchfall sind nur einige der Symptome. Deshalb ist es wichtig, bei Behandlungen mit Reiki über das Solarplexuschakra Energie abzugeben da wir hier zum Beispiel auch das Selbstwertgefühl positiv stimulieren können und damit auch die Ängste abbauen vermindern.

Oft kann man Menschen begegnen, die spirituell abgehoben zu sein scheinen. Damit Ihnen dies nicht passiert, sollten Sie auf jeden Fall für ausreichende Erdung sorgen. Neben dem 1. Chakra, auch

Wurzelchakra genannt sind hierfür auch die Fußchakren zuständig. Sollten diese bei Ihrer Einweihung nicht mit eingeweiht worden sein, lassen Sie dies auf jeden Fall nachholen. Dies gilt für alle Reikieinweihungen. Neben der ausreichenden Erdung hat dies auch den nützlichen Nebeneffekt, dass Sie niemals zuviel Energie bekommen können, da überschüssige Energie dann zurück zur Erde fließen kann.

Reiki ist ein Weg und wie immer, muss man den Weg nicht alleine gehen. Sicher wird jeder gute Reikilehrer hier begleitend zur Seite stehen. Aber es gibt auch noch andere Dinge, die diesen Weg einfacher und sicherer machen können. Ich habe zu jeder Reikiweisheit, welche Sie ein Stück auf Ihrem Weg begleiten sollte, solche Wegbegleiter mit hinzugefügt. Es können dies Heilsteine oder Bachblüten sein, oder einfach nur wirklich von Herzen kommende Ratschläge. Alle Weisheiten sind nummeriert, sodass Sie gleich auch die passende Erklärung in Verbindung mit Tipps und Ratschlägen finden können. Was Sie letztendlich daraus machen ist Ihnen selbst überlassen. Sie alleine bestimmen ob, wann und wie Sie Ihren Weg gehen. Achten Sie aber darauf, nicht allzu oft stehen zu bleiben.

Verantwortung

Leider gehen nicht alle Menschen mit der ihnen zur Verfügung stehenden Energie verantwortungsvoll um. Deshalb möchte ich an dieser Stelle einfach ein paar grundlegende Dinge erwähnen, welche auch schon in vielen Büchern stehen, eigentlich auch bei allen Seminaren (dies hoffe ich doch) vermittelt werden, aber dennoch viel zu oft missachtet werden. Man sollte niemals einem anderen Menschen Reiki aufzwingen oder ihn gegen seinen Willen mit Reiki behandeln. Dies gilt umso mehr bei Fernbehandlungen ab dem 2. Reikigrad. Hier wird oft sogar ins Krankenhaus Reiki geschickt, obwohl hier die Gefahr besteht, dass der Behandelnde gerade im OP liegt und Reiki die Narkose beeinträchtigt. Ebenso sollte niemals eine Heilung versprochen werden. Wenn wir dies könnten, wären wir Gott. Bestenfalls sollten wir einfach unsere Hilfe anbieten ohne Versprechungen, die wir gegebenenfalls nicht halten können. Geben Sie bitte auch keine noch so gut gemeinten Ratschläge, die Sie nicht selbst bereit sind zu befolgen. Es ist immer sehr einfach jemanden dies oder jenes mit auf den Weg zu geben. Seien Sie verantwortungsbewusst bei allem was Sie tun oder sagen. Achten Sie dabei genau auf Ihre Worte. Verletzen Sie keinen Menschen indem Sie unaufgefordert sich in seine Privatatmosphäre reindrängen. Stellen Sie niemals eine Diagnose. Dies dürfen nur Ärzte und Heilpraktiker. Weisen Sie immer darauf hin, dass Ihre Behandlung nicht den Arztbesuch ersetzen kann. Wenn jemand mit akuten Schmerzen zu Ihnen kommt, muss er stets zuerst ärztlich versorgt werden. Unterdrücken Sie Ihr Helfersyndrom auch wenn es Ihnen schwer fällt. Stellen Sie sich einfach einmal vor, es kommt jemand zu Ihnen mit Unterleibsschmerzen, Sie behandeln diese Schmerzen mit Reiki. Ein paar Stunden später ist dieser Mensch vielleicht an einem Blinddarmdurchbruch verstorben, nur weil er sich darauf verlassen hat, dass Sie ihm helfen können. Ich denke, dies kann niemand im Ernst vor seinen Gewissen verantworten. Bedenken Sie immer auch, dass Sie vielleicht nicht den vollen Ernst der Lage erkennen können.

Das Unterbewusstsein

Unser Unterbewusstsein ist wohl die mächtigste Triebfeder in unserem Leben. Ganz gleich, ob es sich um körperliche Angelegenheiten oder seelische Bedürfnisse handelt, unser Unterbewusstsein ist dafür verantwortlich. Hierzu möchte ich ein paar Beispiele anführen: wenn Sie nachts wach werden und das Verlangen verspüren, an Ihren Kühlschrank zu gehen um zu essen, so kommt dieses Verlangen von Ihrem Unterbewusstsein. Immer dann, wenn Sie jemanden begegnen, der Ihnen auf Anhieb unsympathisch ist oder genau das Gegenteil, sympathisch ist, hat Ihr Unterbewusstsein die Hände im Spiel. Bei jeder Entscheidung, die Sie treffen gilt das Gleiche. Haben Sie seelische Probleme, ich möchte hier einfach einmal Beziehungsprobleme anführen, reagieren Sie entweder durch Fresssucht oder aber Sie bekommen keinen Bissen runter. In dem einen Fall reden wir dann nachher von Kummerspeck, wir futtern uns einen Schutzpanzer an damit wir nicht weiter verletzt werden können, im anderen Fall von Magersucht weil wir wissen, dass wir auf dem Markt mit einer guten Figur bessere Chancen haben. Beides tun wir um Aufmerksamkeit, vielleicht sogar um Mitleid zu bekommen. Wir tun dies aber nicht bewusst, sondern werden von unserem Unterbewusstsein gesteuert. Haben wir Angst vor einer Prüfung, veranlasst unser Unterbewusstsein, dass wir krank werden. Aus unerklärlichen Gründen bekommen wir plötzlich Magenkrämpfe, Durchfall usw. auch dies wird vom

Unterbewusstsein arrangiert damit der Kelch der Prüfung an uns vorüber gehen soll. Wir können somit also feststellen, dass unser Unterbewusstsein eine Schutzfunktion für uns darstellt. Damit werden wir aber auch zu einer Geißel des Unterbewusstseins. Nicht alles, was so geschieht ist uns auch recht, bringt uns Glück und es ist auch nicht immer logisch. Was aber können wir hier tun? Sie sollten Ihrem Unterbewusstsein nur bejahende Sätze suggerieren. Negative Sätze sollten vermieden werden. Wenn wir also mit Affirmationen (in der Hypnose reden wir von Suggestionen) arbeiten, müssen wir dies berücksichtigen. Ein Beispiel für eine richtige Affirmation wäre: „Mir geht es heute sehr gut" eine falsche und damit unwirksame Affirmation: „Ich möchte, dass es mir heute nicht schlecht geht". Es ist sehr schwer für unser Unterbewusstsein aus diesem eigentlich negativen Satz etwas Positives zu verstehen. Dies sollten Sie auf jeden Fall beachten, ganz gleich, ob Sie sich nun mit Reiki behandeln und zusätzlich mit Affirmationen arbeiten oder aber auch bei Meditationen sollte man stets mit positiven Affirmationen seinen Lebensweg unterstützen. Ich habe bei den Erklärungen zu den Reiki – Lebensweisheiten auch Affirmationen hinzugefügt. Wenn wir wirklich wollen, dass sich unser Lebensgefühl zum Positiven wendet, haben wir damit ein wirksames Mittel, indem wir unser Unterbewusstsein beeinflussen. Wenn Sie jemanden behandeln sollten Sie solche positiven Gedanken mit der Reikienergie mit senden z.B.: Sie sind gesund und glücklich! Der oft zitierte Placeboeffekt ist im Grunde nichts anderes. Wenn unser Unterbewusstsein davon überzeugt ist, dass dies oder jenes gut für uns ist, auch wenn unser Verstand eigentlich eine andere Meinung vertritt, dann wird uns dieses Mittel auch helfen. Umgekehrt ist dies natürlich genauso. Schon alleine die Tatsache, dass wir uns von einem Arzt zum Beispiel Hilfe erhoffen, kann uns gesunden lassen, selbst dann, wenn wir eine unwirksame Arznei verschrieben bekommen.

Stress ist in der heutigen Zeit eine Geißel unseres Lebens. Oft wird mir gesagt, dass wir diesen Stress nicht möchten, er uns aber von außen auferlegt wird und wir dies nicht beeinflussen können. Schaut man sich aber dann diese jeweiligen Situationen einmal näher an, so kann man schnell feststellen, dass wir oft selbst diese Situationen herbei rufen, also selbst verantwortlich sind für unseren Stress. Ein von mir sehr geschätzter Lebensspruch lautet: „Wer keine Zeit hat, dem sind andere Dinge wichtiger". Damit ist eigentlich schon alles gesagt, wir entscheiden, was uns wichtig ist. Wenn uns stressige Situationen in diesem Falle wichtiger sind als unser Wohlergehen, dürfen wir uns auch nicht beschweren, denn wir alleine haben dies so entschieden. Sicher kann man nicht alles einfach ignorieren nur damit wir unsere heilige Ruhe haben. Es muss früher oder später doch getan werden. Wenn wir aber bemerken, dass wir durch diesen vielen Stress krank werden, sollten wir unserer Gesundheit zuliebe etwas ändern. Die Gesundheit sollte uns dies wert sein, denn sie ist ein unbezahlbares Gut. Gönnen Sie sich selbst täglich 30 Minuten für sich ganz alleine. Sie werden überrascht sein wie schnell Sie sich besser fühlen. Sagen Sie jetzt nicht: „Diese Zeit habe ich nicht"! Ihr Unterbewusstsein gaukelt Ihnen dies vor. Sie haben diese Zeit, so wie sie jeder hat. Gönnen Sie sich diese Zeit, vielleicht für eine kleine Meditation. Achten Sie aber auch darauf, dass es nicht einreißt nach dem Motto: „Heute geht es nicht, aber morgen wieder". Auch dies ist nur eine Ausrede Ihres Unterbewusstseins. Bestehen Sie täglich auf Ihre 30 Minuten. Sie haben ja auch Zeit für die Essensaufnahme oder andere Dinge die Ihnen wichtig erscheinen. Dies verdeutlicht, wie stark unser Unterbewusstsein unser Leben beeinflusst. Deshalb sollten wir jede Möglichkeit nutzen, das Unterbewusstsein so zu lenken, dass sich unsere Lebensqualität verbessert.

Unser Leben

Wir haben durch unsere Geburt ein wunderschönes Geschenk bekommen, nämlich unser Leben. Was wir daraus machen, ist alleine unsere Angelegenheit. Wir müssen damit aufhören, die Schuld für unser Pech oder Unglück immer bei anderen zu suchen. Wenn wir lernen, unser Schicksal zu akzeptieren und als Lehre zu erfahren, können wir besser mit Schicksalsschlägen umgehen. Oft werde ich in Seminaren gefragt, was der Sinn unseres Lebens ist, vielleicht ist dies für den einen oder anderen Seminarteilnehmer sogar die Triebfeder sich in Reiki einweihen zu lassen. Sicherlich ist die Arterhaltung, sprich auch die Fortpflanzung ein wichtiger Punkt für unsere Daseinsberechtigung. Ich persönlich denke aber, dass wir leben um zu lernen, um uns weiter zu entwickeln und das erlernte und das angeborene Wissen dann in unseren Genen an unsere Kinder weiter zu geben. Diese Erfahrungen prägen unser ganzes Leben. Dies setzt voraus, dass wir unser Leben annehmen mit den Höhen und den Tiefen, die es mit sich bringt. Wir lernen nicht nur von Erfolgen sondern auch von Misserfolgen und dadurch werden Misserfolge letztendlich zu Erfolgen.

Wer niemals krank war kann das wunderbare Geschenk der Gesundheit nicht wirklich beurteilen. Wer nie richtigen Hunger verspürte, weiß nicht wie toll es ist, satt zu sein. Wer noch nie unglücklich war, kann Glück nicht ermessen. Nach dem Yin – Yang – Prinzip kann es das Negative nur geben, wenn es auch das Positive gibt und umgekehrt. Dies sollten wir uns täglich vor Augen führen. Es gibt Dinge in unserem Leben, welche wir nicht verändern können, wir müssen sie aber annehmen. Sich täglich über das Gleiche zu ärgern bringt nichts, wir müssen überlegen, wie wir unser Leben gestalten können ohne diese ärgerlichen Aspekte. Dies geht, glauben Sie mir, Sie müssen es nur wollen.

Nehmen wir einmal an, Sie möchten endlich mit dem Konsum von Tabak aufhören. Hier helfen Ihnen folgende Affirmationen:

„Gerade heute benötige ich keine Zigarette um ruhig und ausgeglichen zu sein"

„Mit dem ersparten Geld erfülle ich mir meine Wünsche" diese genau formulieren.

„Ohne Nikotin fühle ich mich viel wohler und gesünder".

Wiederholen Sie diese Beispiele mehrmals bereits am Morgen und vor allem, wenn Sie Lust auf eine Zigarette verspüren

Affirmationen

Affirmationen wirken direkt in unserem Unterbewusstsein. Dazu sollten Sie möglichst positive Affirmationen verwenden. Ich habe zu jeder Reiki Lebenskarte auch jeweils 3 passende Affirmationen aufgeführt. Sie können selbstverständlich diese Affirmationen benutzen, aber Sie können auch eigene Affirmationen kreieren. Da diese in der Regel spezieller auf Sie zugeschnitten sind und Sie sich dabei intensiver mit dem jeweiligen Problem auseinander setzen, dürfte die Wirkung sehr viel stärker sein. Vermeiden Sie aber möglichst negative Affirmationen zu benutzen. Am wirksamsten sind Affirmationen, wenn die Sätze mehrmals mit Bedacht gesprochen werden. Sie sollten diese Sätze also nicht einfach so runter rasseln sondern schon etwas Überzeugung hineinlegen. Manchmal ist es auch hilfreich, wenn Sie die passenden Sätze auf einen Zettel schreiben und diese dann bei Bedarf jederzeit zur Hand haben. Jeder Satz, den Sie sprechen ist entweder von negativer oder von positiver Natur. Negative Sätze haben stets negative Erfahrungen zur Folge und positive Sätze erzeugen positive Erfahrungen. Aus einem Samen kommt immer nur eine spezielle Frucht. So kann aus einem Salatkeimling nie eine Kartoffel wachsen oder aus Blumensamen werden keine Bohnen hervorkommen sondern immer nur Blumen. Wenn Sie Ihre Umwelt immer nur negativ sehen, wird diese auch immer negativ bleiben. Versuchen Sie Ihr Umfeld positiv zu sehen indem Sie Sich positive Affirmationen aussuchen und diese mehrmals wiederholen. Wie alles im Leben dauert es eine Weile, bis diese positiven Affirmationen wirken.

Erwarten Sie keine Wunder, aber Sie werden schnell feststellen, dass sich Ihr Leben positiv verändert.

Heilsteine

Jede Materie hat ihre eigenen Schwingungen. Unser Körper hat, wenn er gesund ist ebenfalls seine eigene Schwingung. Tritt nun eine Disharmonie auf, verändert sich an dieser Stelle oder an dem dazugehörenden Chakra eine veränderte Schwingung auf. Heilsteine haben in ihren unzähligen Atomen ebenfalls eigene Schwingungen, die auf die richtige Stelle gelegt die disharmonischen Schwingungen ihres Körpers wieder ins Gleichgewicht bringen. Ich habe zu jeder Reiki Lebenskarte passende Heilsteine bereits für Sie ausgesucht. Sollten Sie diese Steine nicht besitzen, so gilt grundsätzlich das Prinzip der gleichen Farbe des Steines zu jedem Chakra.

Wurzelchakra	ROT
Sakralchakra	ORANGE
Solarplexuschakra	GELB
Herzchakra	ROSA oder GRÜN
Halschakra	HELLBLAU
Stirnchakra	DUNKELBLAU
Kronenchakra	VIOLETT oder WEISS

Wo genau die Chakren sich befinden, sehen Sie im Kapitel: *Aktivierung der Chakren über Fußreflexzonen*

Aus meiner Erfahrung heraus, können Sie grundsätzlich auch mit Bergkristall arbeiten. Diese Steine erhöhen die Wirkung jedes anderen Steines, wenn man sie hinzufügt.

Man kann aber auch nur mit Bergkristallen arbeiten. Wenn Sie Heilsteine verwenden, sollten Sie diese nach jeder Anwendung unter fließendem Wasser von den negativen Energien reinigen und anschließend in der Sonne (möglichst nicht in der prallen Mittagssonne) wieder aufladen. Die beste Zeit hierfür ist vormittags von 10 Uhr bis 12 Uhr oder nachmittags von 16 bis 18 Uhr. In den wenigen Ausnahmefällen habe ich dies jeweils dabei geschrieben.

Bachblüten

Die Bachblüten-Therapie wurde von dem Engländer Dr. Edward Bach entwickelt und basiert auf der Idee, dass die gebundene Energie von Blüten eine regulierende Wirkung auf psychische Zustände des Menschen hat. Durch diese psychische Wirkung können häufig auch körperliche Symptome gebessert werden.

Edward Bach hat 38 Blüten untersucht und beschrieben. In Kalifornien wurden später weitere Blüten hinzugenommen.

Die Blüten werden zur höchsten Blütezeit an bestimmten Plätzen gesammelt und in Quellwasser gelegt und der Sonne ausgesetzt. Dadurch überträgt sich laut Bach die Energie der Blüten auf das Wasser. Das Wasser wird später mit Alkohol haltbar gemacht und kann, meistens verdünnt eingesetzt werden.

Vorteil der Bachblüten ist sicher, dass diese keinerlei Nebenwirkung haben. Sie sollten aber im Gegensatz zu Medikamenten nicht mit einer sofortigen Wirkung rechnen. Diese tritt erst nach regelmäßigen Einnehmen ein. Wichtig hierbei ist immer, dass Sie sich intensiv auch mit dem jeweiligen Problem ernsthaft auseinandersetzen.

Meditationen

Bei einigen Reiki Lebensweisheiten habe ich als Hilfsmittel Meditationen vorgeschlagen. Nun haben Sie zweierlei Möglichkeiten, Meditationen durchzuführen. Erfahrene Menschen benötigen hierzu keine Hilfe. Es reicht, eine beruhigende Musik und ein angenehmes, störungsfreies Umfeld. Andere wiederum benötigen eine geführte Meditation. Gerade am Anfang kommt es immer wieder vor, dass man sich nicht entspannen kann, tausende Gedanken gehen einem durch den Kopf, die Bilder unterscheiden sich wesentlich von den vorgegebenen Bildern. Lassen Sie diese Bilder zu, versuchen Sie die Gedanken wie Wellen auf dem Meer fließen zu lassen und schauen Sie den Gedanken von oben zu. Verlieren Sie nicht den Mut wenn dies bei Ihnen nicht gleich funktioniert. Es ist noch kein Meister vom Himmel gefallen. Hier ist Durchhaltevermögen gefragt. Wiederholen Sie die Meditationen so oft Sie können ohne eine Erwartungshaltung. Diese führt unweigerlich zu Blockaden. Wichtig ist Ihr Vorsatz, dass Sie diese Meditation für sich machen, dass Sie etwas Gutes für sich erreichen wollen. Lassen Sie sich nicht dadurch irritieren, dass Sie etwas ganz anderes visualisieren, als in der Meditation vorgegeben ist. Erleben Sie ihre Visionen bewusst, so wie diese kommen. Wichtig ist, dass Sie dafür sorgen, während der Meditation nicht gestört zu werden. Schalten Sie Klingel und Telefon aus.

Schaffen Sie sich ein angenehmes Umfeld, vielleicht zünden Sie ein Räucherstäbchen an, stellen ein paar Kerzen auf. Ob Sie sitzend (Lotussitz) oder liegend meditieren ist Ihnen alleine überlassen. Wählen sie eine Art, in der Sie sich einfach fallen lassen können. Wenn Sie Schutzengel oder Geistige Helfer hinzuziehen möchten, sollten Sie nicht erwarten, diese auch zu sehen. Bitten Sie einfach um ein Zeichen für die Anwesenheit. Geben Sie dieses Zeichen nicht vor sondern warten Sie einfach auf dieses Zeichen. Es kann ein Luftzug sein, den Sie im Haar oder auf der Haut spüren. Vergessen Sie keinesfalls, sich zu bedanken bei den jeweiligen Helfern. Sollten sie kein Zeichen bekommen, verlieren Sie nicht den Mut, versuchen Sie es einfach am nächsten Tag nochmals. Meditationen haben immer den positiven Zweck der Entspannung. Setzen Sie sich also niemals wegen einer Meditation selbst unter Druck. Achten Sie auf Ihren Atem und entspannen Sie sich nach und nach bis Sie ganz ruhig werden. Der Rest kommt dann von ganz alleine.

Die Chakren

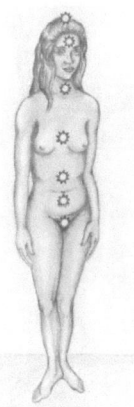

In der westlichen Welt wird immer wieder von 7 Hauptchakren gesprochen. Es sind dies folgende Chakren:

41

1. Chakra	zwischen Anus und Genitalen	Wurzelchakra
2. Chakra	3 fingerbreit unterhalb des Bauchnabels	Sakralchakra
3. Chakra	3 fingerbreit oberhalb des Bauchnabels	Solarplexuschakra
4. Chakra	Auf dem Herzen	Herzchakra
5. Chakra	Auf dem Kehlkopf	Halschakra
6. Chakra	Zwischen den Augenbrauen	Stirnchakra (3. Auge)
7. Chakra	Nach oben auf dem Schädel	Kronenchakra

Ich persönlich gehe aber von mehr Hauptchakren aus, da in dieser Aufzählung so wichtige Chakren wie die Fußchakren für die Erdung oder die Handchakren für die Energieübertragung nicht berücksichtigt werden. Ebenso werden die Kniechakren (dort sitzen die Ängste) oder die Ellenbogenchakren (Durchsetzungsvermögen) sowie Yin und Yang – Chakren (für weibliche und männlichen Energien) nicht berücksichtigt.

Chakrenausgleich mit dem 1. Reiki-Grad

1. linke Hand auf das Kronenchakra und rechte Hand auf das Wurzelchakra

2. linke Hand auf das Stirnchakra und rechte Hand auf das Sakralchakra

3. linke Hand auf das Halschakra und rechte Hand auf den Solarplexus

4. beide Hände auf das Herzchakra

5. (bei fremden Personen) eine Hand auf die linke Fußsohle die andere Hand auf die linke Hand.

Anschließend das Gleiche auf der rechten Seite wiederholen.

Wann sollten Sie einen Chakraausgleich durchführen?

Am besten morgens bevor Sie den stressigen Alltag beginnen. Dies wirkt Wunder! Am Abend um den Alltagsstress abzulegen und sich auf die nächtliche Ruhe vorzubereiten. Aber auch in den Tagespausen angebracht, wann immer Sie das Gefühl haben, jetzt kann ich es gebrauchen.

Die einzelnen Chakren

Wurzelchakra

Zwischen Genitalien und Anus

Auswirkung - körperlich und seelisch: Dick-, Mast- u. Enddarm, Anus, Blut, Prostata, Beine, Knochen, Zellaufbau,

Steißbein, Füße, Erdung, Materielle Sicherheit, Mit beiden Beinen auf der Erde stehen, Tatkraft, Urvertrauen,

Nächstenliebe, Stabilität, fest verwurzelt sein

Bei Problemen - Unterfunktion: Schmerzen im unteren Rücken, Ischias, Krampfadern, Stoffwechselstörungen,

Anuserkrankungen, Knochen und Wirbelsäulenleiden

Überfunktion: Nervosität, Suchtkrankheiten - Heilfarbe: blau

Sinnesfunktion: Riechen

Drüsen: Nebennieren, Hormone: Adrenalin,

Farbe: Rot

Symbol: der 4-blättrige Lotus

Wenn blockiert: Herrschsucht

Wenn befreit: Lebenswille, Motivation

Stein: Roter Jaspis

Der rote Jaspis bewahrt vor negativen Einflüssen, nimmt negative Schwingungen auf, harmonisiert Körper und Geist, man wird verständnisvoller

Weitere Steine: schwarze und rote Steine - Hämatit, Granat, Rubin, Obsidian und dunkler Achat

Aktivierung: Bewegung, Fußreflexonen-Massage, die Farbe Rot, Yoga, das entsprechende Aroma: Nelke, Rosmarin, Zypresse

Mantra: LAM (sprich: Lang)

Die Aufgaben: Erdung, Aktivität, Körperbewusstsein, mit beiden Beinen im Leben stehen

Nabelchakra/ Sakralchakra

Sakral-Chakra, Sexual-Chakra, Swadhisthana-Chakra

Eine Handbreit unter dem Nabel - oberhalb der Genitalien

Auswirkung - körperlich und seelisch:
Fortpflanzungsorgane, Nieren, Blase, Blut, Lymphe, Verdauungssäfte, Sperma, Beckenraum, Sexualität, Sinnlichkeit, Fortpflanzung, Kreativität, Selbstbewusstsein

Bei Problemen - Unterfunktion: Frauenleiden - Menstruationsbeschwerden, Unfruchtbarkeit, vaginale Infektionen, Zysten am Eierstock, Prostata-Leiden, sexuelle Probleme, Nieren und Blasenbeschwerden, Blutkrankheiten.

Überfunktion: Nervosität, Hektik, Sexuelle Ausschweifungen - Heilfarbe: blau

Sinnesfunktion: Schmecken

Drüsen: Eierstöcke, Keimdrüsen, Hoden, Prostata
Hormone: Östrogene, Testosteron

Farbe: Orange

Symbol: der 6-blättrige Lotus

Wenn blockiert: Sucht nach Anerkennung, Fettleibigkeit

Wenn befreit: man lernt sich so anzunehmen wie man ist

Stein: Carneol

Der Carneol gibt uns Vitalität, Lebensfreude, und Antriebskraft

Weitere Steine: hellrote und orangefarbene Steine Mondstein, orangenfarbener Achat, weißer Chalcedon, Perle u. alle anderen orangefarbenen Steine

Aktivierung: Schwimmen, Baden mit entsprechendem Aromaöl - Sandelholz, Myrrhe, Pfeffer, Farbe - Orange, Bauchtanz, Musik mit Wasserrauschen

Mantra: VAM (sprich: Wang)

Die Aufgaben: Hingabe, auf den anderen zugehen, Bedürfnisse zeigen.

Solarplexuschakra, Sonnengeflecht, Hara

Ca. 2 Finger breit über dem Nabel

Auswirkung - körperlich und seelisch: vegetatives Nervensystem, unterer Rücken, Magen, Leber, Milz, Gallenblase, Bauchhöhle, Dünndarm, Willenskraft, Macht, Persönlichkeit, Verteilung der körpereigenen Energie

Bei Problemen - Unterfunktion: Grippe, Übelkeit, Magenverstimmung, Magengeschwüre, Darm- und Verdauungsprobleme, Probleme mit der

Bauchspeicheldrüse, Diabetes, Nierenprobleme, Leberprobleme, z.B. Hepatitis, Gallenblasenbeschwerden, Arthritis, Beschwerden der Adrenalin-produzierenden Drüsen, Magersucht, Bulimie

Überfunktion: Gallensteine, Diabetes - Heilfarbe: grün

Sinnesfunktion: Sehen

Drüsen: Bauchspeicheldrüse, Hormone: Insulin

Farbe: Gelb, Goldgelb

Symbol: der 10-blättrige Lotus

Wenn blockiert: Schwierigkeiten im Umgang mit sich selbst

Wenn befreit: Bildung von Persönlichkeit - Charakter

Stein: Bernstein

Der Bernstein vermittelt Ausgeglichenheit und stärkt Entscheidungskraft und Selbstheilung

Weitere Steine: gelbe und goldgelbe Steine wie Citrin, Gold-Topas, Tigerauge, Rutilquarz, Pyrit-Sonne u. alle anderen gelben u. goldfarbenen

Aktivierung: Sonnenbad, Farbe - Gelb, Sauna, Sport, gefühlsbetonte Musik, das entsprechende Aroma: Anis, Lavendel, Kamille, Zitrone

Mantra: RAM (sprich: Rang)

Die Aufgabe: Umgang mit Aggression, Machtumgang

Herzchakra

Herz-Chakra, Anahata-Chakra

In der Mitte der Brust - in der Höhe des Herzens

Auswirkung - körperlich und seelisch: Herz, oberer Rücken mit Brustkorb und Brusthöhle, unterer Lungenbereich, Blut- und Kreislaufsystem, Haut, Arme, Hände, Liebe, Zuneigung, Mitgefühl, Menschlichkeit Geborgenheit, sich selbst annehmen und lieben

Bei Problemen - Unterfunktion: Herzprobleme, Verstopfung der Arterien, Herzversagen, Asthma, Allergien, Lungenprobleme, Bronchialkrankheiten, Lungenentzündung, Kreislaufprobleme und alle Probleme im oberen Rücken und in den Schultern.

Überfunktion: hoher Blutdruck, nervöse Herzbeschwerden

Wussten Sie, dass unser Herz ein besonderes Organ ist welches z.B. vor Krebs absolut geschützt ist?

Heilfarbe: blau, statt grün, aber auch gold oder rosa.

Sinnesfunktion: Tastsinn

Drüsen: Thymusdrüse

Farbe: Rosa, Zartgrün, Gold

Symbol: der 12-blättrige Lotus

Wenn blockiert: Schwierigkeiten Liebe anzunehmen und zu geben

Wenn befreit: soziales Denken

Stein: Rosenquarz

Der Rosenquarz befreit von Angst, heilt seelische Wunden, löst Stimmungsschwankungen, gibt inneren Frieden

Weitere Steine: rosa und grüne Steine: Aventurin, Kunzit, Koralle, Rhodonit, Wassermelonen-Turmalin

Aktivierung: Massagen, Pflanzen zu Hause, Farben - Rosa und Grün, Reiki und Shiatsu,

das entsprechende Aroma: Jasmin, Rose, Estragon, Vanille

Mantra: YAM (sprich: Yang)

Die Aufgaben: Dienen und Mitgefühl

Halschakra

Hals-, Kehl-Chakra, Vishuddha-Chakra

Zwischen Halsgrube u. Kehlkopf

Auswirkung - körperlich und seelisch: Kommunikation, Ausdruck, Inspiration, mentale Energie, Unabhängigkeit, Selbstverwirklichung, verbalisieren

Bei Problemen - Unterfunktion: Halsentzündung, Zahnprobleme, Rückgratverkrümmungen, steifer Hals, Mandelentzündungen, Schilddrüsenerkrankungen, Kehlkopfleiden, Spannungskopfschmerz, der vom Nacken her ausstrahlt, Abhängigkeiten: Drogenabhängigkeit, Abhängigkeit von Alkohol, Zigaretten, Süßigkeiten, Essen...

Überfunktion: hoher Blutdruck, erhöhte Erregbarkeit - Heilfarbe: gelb, orange

Sinnesfunktion: Hören

Drüsen: Schilddrüse - Hormone: Thyroxin

Farbe: Himmelblau

Symbol: der 16-blättrige Lotus

Wenn blockiert: Kommunikationsschwierigkeiten oder Dominanz

Wenn befreit: konstruktive Kritik, gute Ausdruckswcise

Stein: Chalcedon - Der Chalcedon vermittelt Gelassenheit, vermindert Reizbarkeit und Jähzorn

Weitere Steine: Aquamarin, Chrysokoll u. alle andren hellblauen Steine

Aktivierung: Fremdsprachen lernen, Farbe - Blau

Rhetorik-Kurs belegen Gesangsunterricht nehmen

Mantras singen, das entsprechende Aroma: Eukalyptus , Pfefferminze, Ingwer

Mantra: HAM (sprich: Hang)

Die Aufgaben: Verbindung von Gefühlen und Denken

Stirnchakra

Drittes Auge, Stirn-Chakra, Ajna-Chakra

1 Finger breit über Nasenwurzel - In der Mitte der Stirn

Auswirkung - körperlich und seelisch: Kopf -Gesicht, Augen, Ohren, Nase, Nervensystem, Kleinhirn, Nebenhöhlen, Intuition, Weisheit, Phantasie, unmittelbare Wahrnehmung, innere Visionen, übersinnliche Wahrnehmung

Bei Problemen - Unterfunktion: Gehirnprobleme - Tumore, Gehirnblutungen, neurologische Störungen, Blindheit, Taubheit, Probleme der ganzen Wirbelsäule, Kopfschmerzen, Migräne, Ängste, Nervosität, Nervenzusammenbruch, Depressionen, Epilepsie, Lernstörungen

Überfunktion: erhöhte Hormonproduktion da sie mit der Hypophyse in Verbindung steht kann es zu anomalen

Wachstum von versch. Körperteilen kommen - wie Ohren, Finger usw. - Heilfarbe: orange, grün

Sinnesfunktion: Alle Sinne

Drüse: Hirnanhangdrüse (Hypophyse) - Hormone: Vasopressin, Pituitrin

Farbe: Indigoblau, Violett

Symbol: der 96-blättrige Lotus

Wenn blockiert: Konzentrationsschwäche

Wenn befreit: Soziale Intelligenz- man kann mit dem Herzen denken, Intuition

Stein: Lapislazuli

Der Lapislazuli fördert spirituelles Wachstum, hebt Bewusstsein, nimmt Ängste, löst Blockaden im Gefühlsbereich, fördert Entscheidungsfreudigkeit

Weitere Steine Sodalith, Azurit, Saphir, Falkenauge Falkenauge und alle anderen dunkelblauen Steine

Aktivierung: Nachtspaziergänge, Beobachtung der Sterne, Esoterische und Phantasie Literatur, Märchen,

Traumtagebuch führen, Farbe - Indigo-Blau, das entsprechende Aroma: Veilchen, Lemongras

Mantra: KSHAM (sprich: Kschang)

Die Aufgaben: Eigenverantwortung übernehmen.

Kronenchakra

Oben am Scheitel - Über dem Scheitel

Auswirkung - körperlich und seelisch: Mittel- und Großhirn, Augen, gesamter Organismus, höheres Bewusstsein, Spiritualität, Erleuchtung, Verbindung zur kosmischen Energie und zum höheren Selbst - jenseits von Zeit und Raum.

Bei Problemen - Unterfunktion: Multiple Sklerose, Nervenleiden, genetische Störungen, Lähmungen, Knochenleiden

Überfunktion: ist noch nicht ausreichend erforscht

Drüse: Zirbeldrüse (Epyphyse) - Hormone: Serotonin, Melatonin

Farbe: Violett, Weiß, Gold

Symbol: der 1000-blättrige Lotus

Wenn blockiert: - allgemeine Energieschwäche, Ratlosigkeit

Wenn befreit: Verbindung zum höheren Selbst

Stein: Amethyst

Der Amethyst stärkt Konzentration, bringt Trost, Stärke, Mut, Freude, bindet Freundschaften

Weitere Steine: Fluorit, Sugilith, Diamant, Spinell, Turmalin und alle anderen violetten (hellvioletten) und Bergkristall und/oder durchsichtigen Steine

Aktivierung: Suche nach Stille, Berggipfel Atmosphäre, (Meditation), Joga

Farben - Weiß, Gold und Lila, das entsprechende Aroma: Weihrauch, Geranie, Rosenholz

Mantra: OM (sprich: ooom)

Fußchakra

Position: Füße

Farbe: rotbraun bis Schwarz

Stein: Onyx

Indikation: Der Onyx gibt Kraft und Stärke, bietet Stabilität bei Belastungen, und gibt Widerstandskraft, hilft bei Bewältigung des Karmas

Weitere Steine Obsidian, Hämatit

Handchakra (bitte daran denken, die rechte Hand ist die Gebende die linke Hand ist die Nehmende)

Position: In der Mitte der Hand

Farbe: blaugrün und türkis

Stein: Bergkristall

Indikation: Der Bergkristall nimmt alle störenden Energien in sich auf, löst emotionale Blockaden und vermittelt Schutz, Ruhe und Ausgeglichenheit

Zu beachten bei der Farbtherapie: man sollte die Farben sorgsam anwenden, da unerwünschte Reaktionen auftreten können. Rot z.B. sollte NICHT bei hohem Blutdruck, Infektionskrankheiten und Fieber angewendet werden - da diese Farbe die Durchblutung erhöht. Zu viel Blau macht schläfrig und müde und senkt den Blutdruck.

Ein Reikilehrer kann den Weg zwar zeigen, aber gehen müssen Sie ihn schon selbst.

Die Energien in den 7 Chakras

Die Energien der Chakren stehen in Verbindung mit den Parasympathikus, dem autonomen Nervensystem und der Steuerung der Hormone. Auf diesem Weg wird unser Körper von den Energiezentren der einzelnen Chakren beeinflusst und gesteuert. Unausgeglichene Energien in den Chakren haben Auswirkungen auf die Persönlichkeit und auf die Gefühlslage eines Menschen, denn jedes dieser Energiezentren beeinflusst ein Organ oder eine Drüse in unserem Körper.
Das 1. Basis- oder Wurzelchakra Farbe ROT
beeinflusst das Blut, die Wirbelsäule, die Nerven, die Blase, die Geschlechtsorgane und die Sexualdrüsen

Ausgeglichene Energien
Gesundheit, Lebensfreude, Bezug zur Realität, man steht mit beiden Beinen fest am Boden, Vertrauen, Zärtlichkeit und Sinnlichkeit
Energieüberschuss
Egoismus, Abhängigkeit von materiellen Werten und Geld, übermäßige sexuelle Energie, nervöse Hektik
Energiemangel
Pessimismus, fehlendes Selbstbewusstsein, übertriebene Eifersucht, fehlendes Interesse an Sexualität, Lebensüberdruss
Das 2. Milz-Chakra (Sakral- oder Kreuzchakra) Farbe Orange
beeinflusst die Haut, die Brustdrüsen, die Nieren und die weiblichen Geschlechtsdrüsen
Ausgeglichene Energien
Kreativität, Phantasiereichtum, Humor, Optimismus, Kinderliebe
Energieüberschuss
Aufbrausendes, aggressives, genusssüchtiges Wesen
Energiemangel
Überängstlichkeit, Übersensibilität, Frigidität oder Impotenz, Schuldgefühle, Hemmungen
Das 3. Sonnengeflecht – Chakra (Solarplexuschakra) Farbe Gelb
beeinflusst das Zwergfell und die Atmungsorgane, die Haut, die Galle, die Leber, die Nebennierenrinde
Ausgeglichene Energien
extrovertiertes, fröhliches, intelligentes, entspanntes Wesen, Fähigkeit zu Gefühlsäußerungen, Spontaneität und emotioneller Wärme
Energieüberschuss

Übertriebener Perfektionismus, Komplexe,
ungewöhnliche Gewohnheiten, Überspanntheit,
Abhängigkeit von Genussgiften

Energiemangel
Misstrauen, Gefühle der Unsicherheit, mangelndes
Selbstvertrauen, ein Verlangen nach Bestätigung,
Neigung zu chronischer Verstopfung
Das 4. Herzchakra Farbe Grün und Rosa
beeinflusst das Herz, die Lungen, die Lymphdrüsen
und das Immunsystem
Ausgeglichene Energien
Ausgeglichenheit, gefühlvolle, menschliche,
hilfsbereite Art. Freundlichkeit, Liebesfähigkeit,
Hang zum Guten, Verlangen nach Harmonie in allen
Lebensbereichen
Energieüberschuss
Kritiksucht, übertriebene Forderungen,
Besitzansprüche, Launenhaftigkeit, Verspannungen
im Nackenbereich
Energiemangel
übertriebenes Selbstmitleid, Angst vor Ablehnung,
unfähig Hilfe anzunehmen, ein Gefühl von
Unwürdigkeit, geliebt zu werden, ein Verlangen nach
unentwegter Bestätigung
**Das 5. Kehlkopf – Chakra (Hals- Chakra) Farbe
grünblau**
beeinflusst den Hals, den Kehlkopf, die Nerven, die
Ohren und die Muskeln
Ausgeglichene Energien

Rednergabe, musikalische und künstlerische Begabung. Zufriedenheit, Hang zur Meditation, Zugang zu spirituellen Lehren

Energieüberschuss

arrogant und dominierend, selbstgerecht, übertrieben mitteilsam, Macho-Typ

Energiemangel

Schüchternheit, Verspannung, Ängstlichkeit, Unzuverlässlichkeit, hintergründig, unfähig sich auszudrücken, Angst vor Sexualität, manipuliert gerne im Hintergrund

Das 6. Stirn – Chakra (3.Auge) Farbe dunkelblau

beeinflusst das Gehirn, die Augen, die Ohren und die Nase

Ausgeglichene Energien

Kosmisches Bewusstsein, unabhängig von materiellen Dingen, keine Angst vor dem Tod, Fähigkeit zur Telepathie, Zugang zu geistiger Führung, inneres Glücklichsein, wahre Zufriedenheit

Energieüberschuss

autoritär, dogmatischer Religionsanhänger, Fanatiker, Egozentriker, stolz, bestimmend und manipulierend

Energiemangel

mangelndes Selbstbewusstsein, fehlende Selbstdisziplin, Angst vor Erfolg, übersensibel und leicht verletzbar

Das 7. Scheitel- oder Kronenchakra Farbe Violett, weiß, gold

ist offen für höhere, unbegrenzte Energien und vermittelt den Zugang zum Unbewussten

Ausgeglichene Energien

Zugang zum Unbewussten, Offenheit zu höheren Energien

Energieüberschuss

Gefühle nicht realisierender Energie, Frustration, depressiv und destruktiv, unberechenbar, häufige Migräneanfälle

Energiemangel

fehlende Lebensfreude, mangelnde Entschluss- und Tatkraft

Unausgeglichene Chakren und Energien können durch eine Reikibehandlung speziell zur Harmonisierung ausgeglichen werden. Hilfreich ist hier auch die Verwendung von Heilsteinen.

Aktivierung der Chakren über Fußreflexzonen

Durch leichte Massagen der jeweiligen Punkte können Blockaden der dazu passenden Chakren gelöst werden. Dabei ist die Drehrichtung der Chakren zu beachten, welche bei der Frau und dem Mann sich jeweils anders drehen.

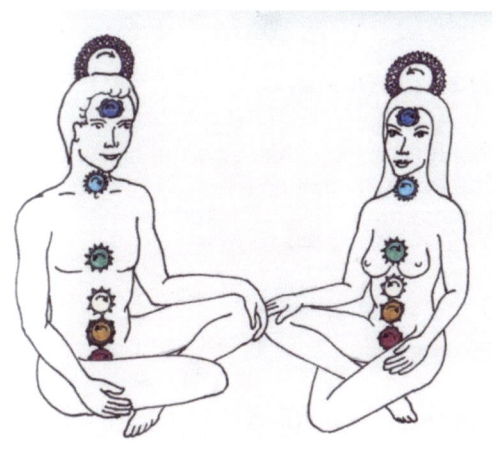

Chakra	Mann	Frau
Wurzelchakra	Rechts	Links
Sakralchakra	Links	Rechts
Solarplexus	Rechts	Links
Herzchakra	Links	Rechts
Halschakra	Rechts	Links
Stirnchakra	Links	Rechts
Kronenchakra	Rechts	Links

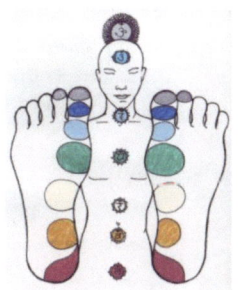

Bei der Aktivierung der Chakren über die Füße müssen selbstverständlich beide Füße behandelt werden.

Chakrenharmonisierung mit Mudras

Mit Mudras können Sie Ihre Chakren sanft harmonisieren und eventuell vorhandene Blockaden lösen. Der Vorteil liegt darin, dass Sie dies immer und überall tun können.

Hier eine Anleitung:

Setze Dich gerade auf einen Stuhl und erde Dich. Dabei ist es wichtig, dass Deine Wurzeln tief in die Erde wachsen, bis zum Mittelpunkt und sich dort mit fruchtbarem Boden verbinden. Dann achte auf Deinen Atem wie er langsam ein und ausströmt und entspanne Dich mit jedem Atemzug mehr und mehr.

Bevor die Harmonisierung beginnt, ist es notwendig, die Chakras zu reinigen. Dazu stellst Du Dir vor, das aus dem Himmel eine große weiße Wolke auf Dich zuschwebt, bis Sie sich genau über Deinem Kopf befindet. Sie strahlt vor lebendiger Energie. Visualisiere nun, wie ein Regenschauer voller Licht Dein gesamtes Kronenchakra vollkommen reinigt und alle dunklen Flecken, alle Blockaden auflöst. Der goldene Regen fließt weiter zu Deinem Stirnchakra und löst auch dort alle Blockaden auf. So fließt der Regen weiter durch Dein Halschakra, Herzchakra, Solarplexus, Sakralchakra und Dein Wurzelchakra, durch Deine Füße hinein in die Mutter Erde. Danke dem Lichtregen für die Reinigung und Mutter Erde für die Aufnahme.

Im Folgenden die wichtigsten Mudras.

	Mudra Wurzelchakra / Farbe rot Die Hände werden locker zu Fäusten geballt, die Daumen liegen außen auf. Die Fäuste liegen in der Leistenbeuge
	Mudra Sakralchakra / Farbe orange Die rechte Hand liegt in der linken Hand, die Finger umfassen locker jeweils die andere Hand. Die Hände liegen im Schoß.
	Mudra Solarplexus / Farbe gelb Die Spitzen von Daumen und Mittelfinger werden zusammengeführt. Die Hände liegen locker auf den Oberschenkel
	Mudra Herzchakra / Farbe grün Die Hände liegen waagerecht vor der Brust. Die Handflächen zeigen zum Körper, die Fingerspitzen zeigen zueinander.

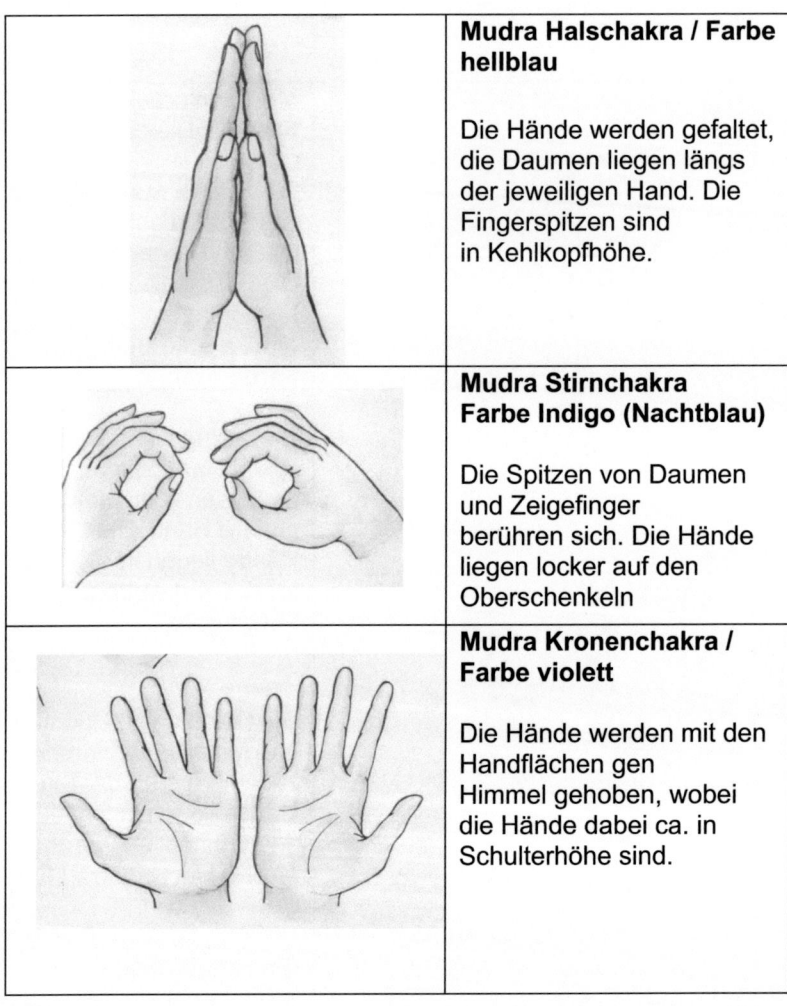

Mudra Halschakra / Farbe hellblau

Die Hände werden gefaltet, die Daumen liegen längs der jeweiligen Hand. Die Fingerspitzen sind in Kehlkopfhöhe.

Mudra Stirnchakra Farbe Indigo (Nachtblau)

Die Spitzen von Daumen und Zeigefinger berühren sich. Die Hände liegen locker auf den Oberschenkeln

Mudra Kronenchakra / Farbe violett

Die Hände werden mit den Handflächen gen Himmel gehoben, wobei die Hände dabei ca. in Schulterhöhe sind.

Yin und Yang

Die älteste Grundidee der
chinesischen Philosophie, die
ebenso in alle Bereiche der
Wissenschaft und damit auch der Medizin einfließt.
ist das Konzept der zwei polaren Gegensätze Yin und
Yang. Symbolhaft werden Yin und Yang als 2 sich
umklammernde Fische dargestellt, die nur zusammen
ein Ganzes bilden Yin und Yang entstehen aus dem
Ganzen oder aus dem Nichts. Aus ihnen entwickeln
sich alle Dinge des Universums

Yin	Yang
dunkel	hell
grün, blau, schwarz, braun	rot, orange, gelb
still	bewegend
zusammenziehend	expansiv
eckig	rund (Ausnahme Kreis)
dünn	breit
langsam	schnell
passiv	aktiv
Erde	Himmel
Wasser	Berge
Mond	Sonne
Regen	Sonnenschein
ungerade Zahlen	gerade Zahlen
Winter	Sommer
Kälte	Wärme

Tiger	Drache
unten	oben
tief	hoch
abwärts	aufwärts
weich	fest
kalt	heiß
Frau	Mann
Boden	Spitze
sauer	süß
traurig	wütend
Schatten	Licht
Nacht	Tag

Hinkelstein in Walhausen (Yin)   **Gollenstein bei Blieskastel (Yang)**

Beide Steine sind in meiner Heimat dem schönen Saarland zu finden.

So hoch scheint der Berg

er kratzt den großen Himmel,

aber wenn du nicht aufgibst

und beginnst heraufzusteigen

dann gibt es einen Weg!

Auch wenn du langsamer bist

als die anderen die mit dir gehen,

musst du dennoch

den richtigen Weg einschlagen!

Die 5 Arten der Energieübertragung

1. Übertragung aus der Aura

Im Normalfall geben wir täglich Energie ab an Menschen und Tiere, welche sich in unserer Nähe aufhalten. Dies geschieht ohne bewusste Handlung oft einfach aus Liebe zu dem Menschen oder Tier welche unsere Nähe suchen. Allerdings gibt es auch Menschen und Tiere, welche ohne unsere Zustimmung Energie aus unserer Aura abziehen. Merken Sie solche Energievampire ist der beste Schutz, ihnen einfach ganz bewusst Energie zu senden. Sie verbinden sich mit Reiki und stellen dem Menschen oder Tier die Energie zur freien Verfügung.

2. Übertragung durch unsere Hände

Diese Energieübertragung kennt jeder aus seiner Reikiausbildung, wo ganz bewusst über die Handchakren Energie übertragen wird. Allerdings geschieht dies auch bei nicht eingeweihten Personen ganz automatisch, man denke nur an das Handauflegen bei Zahnschmerzen auf die Wange oder auch Mütter, welche ihren Kindern instinktiv die Hand auf schmerzende Stellen legen. Auch unsere Tiere bekommen mit den Streicheleinheiten automatisch jede Menge Energie ab.

3. Energieübertragung durch die Fingerspitzen

Hierbei handelt es sich um eine verfeinerte Version der Energieübertragung durch die Hände – auch bekannt als Lasertechnik. Man bündelt dabei die

Reikienergie und lässt diese dann durch die Fingerspitzen in die betroffenen Körperteile schießen.

4. Energieübertragung durch das Herzchakra

Hierbei handelt es sich nach meiner Auffassung um die reinste Form der Energieübertragung. Man nimmt über das Kronenchakra Energie auf und gibt diese dann über das Herzchakra wieder ab. Dies kann während einer Behandlung geschehen zusätzlich zu der Übertragung durch die Handchakren oder Lasertechnik, aber genauso auch während einer Fernübertragung in Verbindung mit den Symbolen oder aber auch einfach nur als alleinige Methode..

5. Telepathisch

Hierbei handelt es sich um Energieübertragung von einem zu einem anderen Ort. Wir kennen dies vom Fernreiki. Aber es kann auch unbewusst geschehen, z.b. per Telefon. Sie kennen das, ein Anruf vielleicht 30 Minuten und mehr wo jemand ohne dies bewusst zu wollen, uns Energie abzieht. Nach dem Anruf fühlen Sie sich dann total ausgelaugt, während es dem Anrufer gleich viel besser geht. Auch hier kann man sich schützen, indem man dem Anrufer ganz bewusst, durch Verbindung mit der Reikienergie diese wunderbare Energie Reiki zur Verfügung stellt.

Das Zwillingsgespräch

Ein ungeborenes Zwillingspärchen unterhält sich im Bauch seiner Mutter.

"Sag mal, glaubst Du eigentlich an ein Leben nach der Geburt?"

fragt der eine Zwilling. "Ja, auf jeden Fall! Hier drinnen wachsen wir und werden stark für das, was draußen kommen wird", antwortet der andere.

"Ich glaube, das ist Blödsinn!", sagt der erste. "Es kann kein Leben nach der Geburt geben; wie soll das denn bitteschön aussehen?"

"So ganz genau weiß ich das auch nicht. Aber es wird sicher viel heller als hier sein. Und vielleicht werden wir mit unseren Beinen herumlaufen und mit dem Mund essen."

"So einen Unsinn habe ich ja noch nie gehört! Mit dem Mund essen, was für eine verrückte Idee. Es gibt doch die Nabelschnur, die uns ernährt. Und wie willst Du herumlaufen? Dafür ist doch die Nabelschnur viel zu kurz!"

"Doch, es geht ganz bestimmt! Es wird eben alles ein bisschen anders."

"Du spinnst! Es ist doch noch nie einer zurückgekommen von nach der Geburt! Mit der Geburt ist das Leben zu Ende! Punktum."

"Ich gebe ja zu, dass keiner weiß, wie das Leben nach der Geburt aussehen wird. Aber ich weiß, dass wir dann unsere Mutter sehen werden, und sie wird für uns sorgen."

"Mutter??? Du glaubst doch wohl nicht an eine Mutter? Wo ist sie denn bitte?"

"Na hier! Überall um uns herum. Wir sind und leben in ihr und durch sie. Ohne sie könnten wir gar nicht sein!"

"Quatsch! Von einer Mutter habe ich nie etwas bemerkt. Also gibt es sie auch nicht!"

"Doch, manchmal, wenn wir ganz still sind, kannst Du sie singen hören. Oder spüren, wenn sie unsere Welt streichelt!"

(Verfasser unbekannt)

Spruch eines Meisters

Über das Glück ...

Ein Geschäftsmann kam zum Meister und wollte von ihm wissen, was das Geheimnis eines erfolgreichen Lebens sei.

Da sagte der Meister:

"Mach jeden Tag einen Menschen glücklich!"

Und er fügte nach einer Weile hinzu:

"... selbst wenn dieser Mensch du selbst bist."

Und noch ein wenig später sagte er:

"Vor allem, wenn dieser Mensch du selbst bist!"

ERDEN UND ZENTRIEREN

Erden

Erden bedeutet nichts anderes, als dass Sie überflüssige Energien in die Erde entladen. Sie sind sozusagen geerdet, fast so wie ein Kabel. Dann verlieren Sie nicht den Boden unter den Füssen. Ihre Wurzeln sind tief in der Erde verankert und Sie sind eins mit der Erde. Prinzipiell sollten man sowohl sich als aber auch den Reikiempfangenden erden. Legen Sie Ihre Hände auf die Füße des Empfangenden und stellen Sie sich vor, wie Wurzeln aus den Füßen in die Erde wachsen. Über diese Wurzeln können überflüssige oder negative Energien in die Erde abfließen. Seit ich dies sowohl bei Behandlungen aber auch bei Einweihungen tue ist beides für den Empfänger viel harmonischer.

Zentrieren

Zentrieren bedeutet, dass Sie Ihren Körper auf seinen Schwerpunkt ausrichten, also die innere Mitte finden.

Übung zum Erden und Zentrieren:

Der Baum

Am besten ist es wenn Sie sich einen ungestörten Platz in der Natur suchen, aber prinzipiell geht die Übung überall.

Stell Sie sich gerade hin oder setzten Sie sich aufrecht auf den Boden und fangen an, rhythmisch zu atmen.

Stellen Sie sich vor wie Wurzeln aus den Füßen herauswachsen, immer weiter und tiefer in den Boden hinein, mit dem Sie verwachsen. Die Wurzeln werden immer stärker und dringen immer tiefer in die Erde ein.

Aus Ihrem Körper sprießen kleine, grüne junge Zweige, die immer länger und stärker werden. Sie wachsen bis hoch in den Himmel hinein, verzweigen sich immer mehr und bilden Blätter. Sie werden so schwer, dass sie teilweise wieder auf dem Boden entgegen wachsen.

Stellen Sie sich nun vor wie die Energie aus Ihrem Stamm (der Wirbelsäule) durch Sie fließt und durch Ihre Blätter und Äste wieder in den Boden zurück fließen. Sie fühlen wie sich ein Kreislauf bildet. Stellen Sie sich vor wie der Wind die Äste und Blätter wiegt, wie Sie ein Teil der Natur werden. Sehen Sie Ihre wunderschönen grünen Blätter und die braunen Zweige vor sich, sehen Sie wie die Sonne die Blätter erleuchtet.

Zum Beenden der Übung:

Öffnen Sie Ihre Augen und stellen Sie sich vor wie sich Ihre Äste, Blätter und Wurzeln wieder zurückbilden.

VISUALISIEREN

Erden und zentrieren Sie sich.

Versuchen Sie zuerst mit geschlossenen Augen einen Gegenstand bildlich vorzustellen.

Fangen Sie mit ganz einfachen Sachen an wie eine Linie oder eine einfache geometrische Form.

Wenn Sie das können, dann versuchen Sie die Farben der Formen zu ändern, oder sie zu bewegen.

Wenn auch das gut klappt, fangen Sie an, sich realere Sachen vorzustellen wie z. B. einen Apfel. Versuchen Sie, daran zu riechen, rein zubeißen, und ihn in den Händen zu fühlen. Beim Visualisieren müssen alle Aspekte des Objekts wahrgenommen werden, nicht nur der visuelle. Der Apfel muss richtig real da sein.

Wenn Sie das können, versuchen Sie das ganze mit offenen Augen zu machen. Versuchen Sie den Apfel vor sich zu sehen, ohne sich ablenken zu lassen von dem Umfeld, das Sie mit offenen Augen wahrnehmen. Nun können Sie alles Mögliche visualisieren, was Ihnen beliebt.

Das Gehirn braucht eigentlich keine Augen, um zu "sehen", da diese nur Impulse weiterleiten. Das Bild selber wird vom Gehirn gemacht. Und mit

Visualisieren versuchen wir, dieses Bild bewusst herbeizuführen.

Das Reikikästchen

Wenn Sie sich oder anderen Personen ständig mit Reiki versorgen möchten können Sie sich eine kleine Pappschachtel besorgen. Dort hinein legen Sie einen Zettel, auf dem Sie die Namen und Adressen der Reikiempfänger schreiben (bei Fremden vorher Genehmigung einholen). Nun geben Sie auf dieses Reikikästchen Reiki mit der Bitte, dass alle auf dem innenliegenden Zettel aufgeführten Personen Reiki empfangen. Einmal wöchentlich oder je nach Bedarf können Sie die Energie in dem Kästchen wieder aufladen. Reikipraktizierende mit dem 2. Reikigrad können noch einen weiteren Zettel mit den 3 Symbolen und den jeweiligen Mantras in das Kästchen hinzulegen.

Beschreibung der Karten

Karte 1

Auch der weiteste Weg
beginnt mit einem ersten Schritt

Immer dann, wenn wir am Anfang eines Weges stehen kommt uns dieser Weg unendlich weit vor. Dies ändert sich erst, nachdem wir die Hälfte zurückgelegt haben. Aus diesem Grund fällt uns oft der berühmte erste Schritt sehr schwer. Manche Wege kommen uns auch nur sehr weit vor obwohl wir eigentlich nur einige wenige Schritte machen müssen. Ein schönes Beispiel hierfür ist, wenn man auf einen Menschen zugehen muss um ihn um Verzeihung zu bitten. Wie schwer fällt uns dieser Schritt oft. Erleichterung bringt hier eine Reikibehandlung des Solarplexuschakra. Sie können auch einen Orangecalcit mindestens 20 Minuten täglich auf Ihr Solarplexuschakra legen. Als Bachblüte empfehle ich Agrinomy 4 mal täglich 3 bis 4 Tropfen einzunehmen. Gelbe oder orangefarbene Kleidung wird Ihnen ebenfalls helfen.

Affirmationen wären hier zum Beispiel:

Mit geht es sehr gut, ich fühle mich wohl und bin voller Tatendrang.

Ich bin voller Zuversicht und stark genug meinen Weg zu gehen

Karte 2

Spüre Dein Glück
auch wenn es klein zu sein scheint
Jede große Sache fängt einmal klein an

Oft sehen wir Menschen vor lauter Bäumen den Wald nicht. Wir sehen nur das Negative, nicht aber die vielen kleinen Dinge, die uns glücklich machen. Sie müssen sich selbst so akzeptieren und lieben wie Sie sind, nur dann können Sie auch andere lieben und akzeptieren. Als Heilstein empfehle ich den Rosenquarz täglich 20 Minuten auf das Herzchakra legen. Als Bachblüte empfehle ich Wild – Rose 4 mal täglich 3 bis 4 Tropfen einzunehmen. Spaziergänge in der Natur mit offenen Augen. Erfreuen Sie sich ruhig einmal an den wunderbaren Farben der Blumen. Gelbe und orangefarbene Töne sind geeignet, die Stimmung zu heben.

Affirmationen:

Ich fühle mich wohl und bin glücklich.

Mein Leben ist lebenswert und schön.

Ich freue mich über jeden Tag

Das Schöne, was ich in Anderen sehe, ist auch in mir vorhanden.

Karte 3

Lebe Dein Schicksal
Vor ihm kannst Du nicht weglaufen
Es ist für Dich abgestimmt

Es nutzt nichts, wenn Sie mit Ihrem Schicksal hadern. Akzeptieren Sie es so wie es ist oder ändern sie etwas. Dies gelingt nicht durch Selbstmitleid. Nehmen Sie Ihr Schicksal in die Hand. Der Lapislazuli auf dem Stirnchakra wird Ihnen dabei genauso helfen wie der Topas. Ebenfalls können Sie Stirnchakra und Solarplexuschakra mit Reiki versorgen. Mit der Bachblüte Olive können Sie sich ebenfalls unterstützen. Die Farben Orange und Sonnengelb helfen Ihnen mit Ihrem Schicksal besser zu recht zu kommen.

Affirmationen wären:

Ich akzeptiere mich so wie ich bin.

Ich bin motiviert, all das, was ich mir vornehme, auch zu erreichen.

Ich bin sicher und geschützt, nichts kann dies ändern.

In mein Leben tritt Optimismus und Lebensfreude, ich erwarte nur Gutes!

Karte 4

**Fürchte Dich nicht
vor Deinen Sorgen
Du wirst nicht mehr bekommen
als Du tragen kannst**

Sie sollten mit mehr Lebensmut Ihr Leben führen. Sorgen zu haben, gehört mit zu jedem Leben.. es nutzt nichts alle sorgen auf einmal zu bekämpfen. Gehen Sie Schritt für Schritt vor und ändern Sie Ihr Leben so, dass die Sorgen weniger werden. Als Heilsteine empfehle ich einen Hiddenit (Kunzit) oder einen Spinell als Anhänger auf der Haut getragen. Sie sollten Ihr Herzchakra und das Solarplexuschakra mit Reiki versorgen. Helle und leuchtende Farben in Ihrem Umfeld tun Ihnen gut. Als Bachblüte empfehle ich Ihnen Wild Oat Rose 4 mal täglich 3 bis 4 Tropfen

Wiederholen Sie mehrmals folgende Affirmationen:

Ich nehme die Beschränkungen des Lebens an und setze mich wohlwollen damit auseinander.

Ich bin für alles Neue im meinem Leben offen

Ich wachse an meinen Bedürfnissen, Wünschen und Träumen

Karte 5

Höre auf die Stille in Dir
Sie ist die Kraft für Deine Taten

Sie haben zu vielen Ärger und Stress in Ihrem Umfeld. Gönnen Sie sich etwas mehr Ruhe, nehmen Sie sich mehr Zeit für sich. Beruhigende Meditationen werden Ihnen sicher dabei helfen. Ein bis zweimal pro Woche sollten Sie sich eine Reikiganzbehandlung gönnen. Als Heilsteine empfehle ich den Prasem oder Coelestin. Grüne Farben sind ebenfalls zu empfehlen.

Als Bachblüten ist hier Hornbeam sehr hilfreich. 4 mal täglich 3 bis 4 Tropfen

Folgende Affirmationen können Ihnen helfen:

Meine innere Weisheit führt mich und verschafft mir ein gutes, wunderbares Leben

Ich spüre, wie etwas Neues und Angenehmes auf mich zukommt.

Ich spüre die Naturkräfte in mir aufsteigen und herausdrängen.

Karte 6

Lass die Hände ruhen!
Du kannst nicht alles im Leben anfassen!

In manchen Fällen ist es besser zu delegieren. Es ist ein Vorurteil, dass nur Sie alles richtig machen können. Gönnen Sie sich mehr Zeit für sich selbst und für Ihre Familie. Tanken Sie dadurch Kraft für die Zukunft. Gönnen Sie sich hin und wieder eine Meditation. In der Ruhe liegt die Kraft! Der Aragonit wird Ihnen beim Krafttanken sehr helfen. Ebenfalls hilft eine Reikiganzbehandlung. Als Bachblüte wäre Oak 4 mal täglich 3 bis 4 Tropfen sehr hilfreich.

Ruhige und warme Farbtöne helfen Ihnen sich zur inneren Ruhe zu finden.

Als Affirmationen geeignet:

Ich verdiene, dass es mir gut geht.

Die Umkehr bringt mir meine alte Kraft zurück, ich bin geduldig

Ich spüre die Naturkräfte in mir aufsteigen und herausdrängen.

Karte 7

Lebe die wahre Liebe
sie beflügelt Deine Seele

Die wahre Liebe ist das reinste und gleichzeitig stärkste Gefühl, welches wir Menschen kennen. Voraussetzung ist, dass wir sie zulassen ohne Angst vor der Enttäuschung. Nur wer sich selbst lieben kann, kann auch andere lieben. Sie müssen zulassen, dass Sie geliebt werden, bevor Sie selbst lieben. Reiki hilft auf Ihrem Herzchakra. Der Rubin ist der Heilstein der Liebe. Legen Sie diesen Heilstein auf Ihr Sakralchakra. Öffnen Sie dabei Ihr Herz. Rote Farben unterstützen Sie in Ihren Bemühungen.

Die Bachblütentropfen Water Violet 4 mal täglich 3 bis 4 Tropfen wird Ihnen sicher helfen.

Als Affirmation zu empfehlen:

Je mehr Liebe ich an andere verschenke, desto mehr Liebe erhalte ich zurück.

Mir fällt es leicht, andere Menschen zu lieben und zu akzeptieren.

Andere Menschen lieben und respektieren mich so, wie ich bin.

Karte 8

Verschließe nicht Deine Ohren
Lass Dir die Wahrheit sagen
auch wenn sie unangenehm klingt

Sicher hören wir nicht immer gerne die Wahrheit, oft ist diese nicht sehr schmeichelnd für uns. Trotzdem sollte wir hinhören und die Wahrheit nicht einfach ignorieren. Wir haben immer die Möglichkeit, etwas zu ändern. Oft können Sie nicht über Ihre Probleme reden, weichen lieber aus, damit Sie Ihre Ruhe haben.

Der Herkimer Diamant auf dem Stirnchakra wirkt hier wahre Wunder. Als Bachblüten wären Vervain sehr gut 4 mal täglich 3 – 4 Tropfen zu sich nehmen

Affirmationen wären:

Ich bin sicher und geschützt, nichts kann dies ändern.

In mein Leben tritt Optimismus und Lebensfreude, ich erwarte nur Gutes!

Ich habe ein Ziel und setze mich dafür ein.

Karte 9

Lebe die Wahrheit
Sie erschafft Dir die Glaubwürdigkeit

Es reicht nicht nur die Wahrheit zu sagen, man muss diese auch leben, selbst dann, wenn Sie damit gegen den Strom schwimmen müssen. Nicht immer ist der leichte Weg der richtige. Prüfen Sie genau, bevor Sie den Weg gehen. Zweifeln Sie nicht an sich selbst. Bedenken Sie, dass der Prophet im eigenen Land nichts zählt.

Als Heilstein tragen Sie den grünen Prehnit an einer Kette ständig bei sich.

Bachblüten wären hier Rock Water und/oder Vervain geeignet.

Affirmationen wären:

Ich spüre die Naturkräfte in mir aufsteigen und herausdrängen.

Ich nehme die Beschränkungen des Lebens an und setze mich wohlwollen damit auseinander.

Ich bin für alles Neue im meinem Leben offen

Karte 10

Reinige Deine Augen
Blindheit im Leben
hat einen großen Preis

Was wollen Sie nicht sehen? Es nutzt nichts den Kopf in den Sand zu stecken. Sie bekommen immer wieder Zeichen, die Sie beachten sollten. Veränderungen bedeuten oft auch große Nachteile, aber um den Weg zu gehen sind sie unumgänglich.

Als Heilstein sollten Sie sich 2 bis 3 mal wöchentlich einen Falkenauge mindestens 20 Minuten auf Ihre Augen legen.

Wild Rose Bachblüten 4 mal täglich 3 bis 4 Tropfen wirken unterstützend.

Affirmationen wären:

Ich verdiene, dass es mir gut geht.

Die Umkehr bringt mir meine alte Kraft zurück, ich bin geduldig.

Ich weiß, dass ich durch meine Anlagen viele Möglichkeiten habe.

Karte 11

**Trage keinen Hass
in Deinem Herzen
Du kannst die Menschheit
mit Hass nicht besiegen
Der Hass besiegt Dich**

Solange Sie Hass in Ihrem Herzen tragen, ist dort kein Platz für Liebe. Verzeihen Sie den Menschen, die Sie hassen. Schicken Sie Ihnen Ihre Liebe und das Glück wird sich Ihnen zuwenden. Denken Sie immer daran, dass die Gefühle, die Sie senden immer wieder zu Ihnen zurückkommen werden. Geben Sie sich an 4 aufeinander folgenden Tagen Reiki auf Ihr Herzchakra.

Als Heilsteine sollten Sie Jade oder Sarder auf das Herzchakra 20 Minuten auflegen.

Bachblüten wäre Holy geeignet, 4 mal 3 bis 4 Tropfen täglich.

Affirmationen sind:

Meine Emotionen ermöglichen mir eine andere Wahrnehmung.

Ich genieße die Fülle in meinem Leben und gebe sie an andere weiter.

Ich träume jede Nacht, um zu lernen und zu wachsen.

Karte 12

Wer seine Augen
nicht gebraucht zu sehen
der wird sie brauchen
um zu weinen

Was nutzt es Ihnen, immer wegzuschauen, Dinge nicht sehen zu wollen, die Sie im Moment belasten? Werden diese unangenehmen Dinge dadurch leichter für Sie? Lösen sich Ihre Probleme dadurch auf? Ich denke, Sie wissen selbst die Antwort. Handeln Sie solange Sie noch dazu in der Lage sind. Sie sollten meditieren, sich dabei einen Topas auf das Stirnchakra legen. Öffnen Sie sich auch Ihren Problemen. Diese werden sich keinesfalls von ganz alleine auflösen.

Geeignete Bachblüten wären: Scelernathus (einjähriger Knäuel) oder Wild Oat (Waldtrepse) 4 mal 3 bis 4 Tropfen täglich

Affirmationen wären:

Ich vertraue meinen Mitmenschen und diese vertrauen mir.

Ich weiß, ich kann von und mit anderen Menschen sehr viel lernen.

Das Schöne, was ich in anderen sehe, ist auch in mir vorhanden.

Karte 13

Meditiere
Finde Deine Balance wieder
finde Deinen Weg!

Es ist sehr wichtig, dass wir auf unsere innere Balance achten, alles tun, um diese zu erhalten oder wieder herzustellen. In der inneren Balance  finden wir die Kraft und die Ruhe, welche wir benötigen, um unser Leben zufrieden zu gestalten. Hierbei hilft uns das Meditieren. Sorgen Sie dabei dafür, dass Sie nicht gestört werden. Schaffen Sie sich ein wohltuendes Umfeld mit beruhigender Musik, vielleicht einem Räucherstäbchen. Ich empfehle Ihnen, sich dabei in einen Steinkreis zu setzen oder zu legen. Hierbei sollten Sie folgende Steine benutzen: um Ihre Füße Rauchquarze, dann bis in Herzhöhe Bergkristalle, ab dort Rosenquarz und um den Kopf herum Amethyste.Als Bachblüten sollten Sie Aprimony 4 mal 3 bis 4 Tropfen täglich einnehmen.

Folgende Affirmationen würde ich Ihnen empfehlen:

In mein Leben tritt Optimismus und Lebensfreude, ich erwarte nur Gutes!

Ich bin ganz ruhig und ausgeglichen.

Ich spüre, wie etwas Neues und Angenehmes auf mich zukommt.

Karte 14

Akzeptiere Deine Situation
Du kannst sie doch nicht ändern
Suche nach Lösungen

Es bringt nicht viel, sich hinzusetzen und immer nur zu jammern, wie schlecht es einem geht. Dadurch können wir nicht ändern. Was geschehen ist müssen Sie so akzeptieren, Versuchen Sie nun das Beste daraus zu machen. Denken Sie immer daran, es gibt Menschen, denen geht es sicher viel schlechter als Ihnen. Versuchen Sie ein Problem nach dem anderen anzupacken und nicht alle gleichzeitig.

Tragen Sie stets einen Citrin als Handschmeichler bei sich.

Mit Bachblüten Larch oder Sweet Chestnut können Sie Ihre Situation ebenfalls verbessern indem Sie 4 mal 3 bis 4 Tropfen täglich einnehmen

Folgende Affirmationen helfen ebenfalls:

Ich entscheide und tue in allen Dingen immer nur das Gute

Ich gebe jederzeit mein Bestes - egal was ich tue.

Von Mal zu Mal gelingt es mir besser, meine Bedürfnisse wahrzunehmen und für mich zu sorgen

Karte 15

Erkenne Deine Lebensaufgabe
Auch sie hat seinen Preis
Nimm sie mutig an

Sie haben sich ein Ziel in Ihrem Leben gesetzt und Sie kennen dieses Ziel genau, aber Sie haben Angst davor, dieses Ziel endlich in Angriff zu nehmen. Sie finden tausend Ausreden welche Sie von Ihrem Ziel abhalten. Vertrauen Sie auf Ihre Stärken, die Sie haben, gehen Sie konsequent an Ihre Lebensaufgabe heran. Nur so finden Sie auch Erfüllung und Glück.

Bernstein und Citrin können sie bei Ihren Vorhaben unterstützen.

Larch und White Chestnut 4 mal 3 bis 4 Tropfen täglich werden Ihnen ebenfalls helfen mit Mut und Stärke Ihren Weg zu gehen.

Folgende Affirmationen können Ihnen ebenfalls helfen:

Ich erkenne und lebe meine Ideale, umso leichter verwirkliche ich sie.

Meine innere Weisheit führt mich und verschafft mir ein gutes, wunderbares Leben

Ich bin mutig und stark

Karte 16

**Es gibt nur eine Zeit
um wach zu werden
Diese Zeit ist jetzt
Nutze sie!**

Sie haben viele Vorhaben die ganze Zeit vor sich her geschoben. Dadurch werden diese Vorhaben allerdings nicht realisiert. Warten Sie nicht länger, packen Sie Ihre Wünsche endlich an und setzen Sie diese unverzüglich in die Tat um. Es ist gar nicht so schwer, wie Sie sich dies immer denken. Geben Sie sich täglich Reiki auf Ihr Solarplexuschakra. Sie können die Wirkung mit einem Ametrin Heilstein verstärken.

Als Bachblüte hilft Ihnen Hornbeam 4 mal 3 bis 4 Tropfen täglich

Folgende Affirmationen sind sinnvoll:

Ich sende strahlende Kraft aus und ziehe alles Förderliche an

Ich gönne dem anderen den Erfolg zu jeder Zeit - und weiß, dass auch ich Erfolg zu jeder Zeit verdiene

Ich bin immer zur richtigen Zeit am richtigen Ort und tue mit viel Erfolg immer genau das Richtige.

Karte 17

**Meditiere um den Kontakt
zu Dir, Deinen Wünschen und
Visionen wieder herzustellen**

Sie leben zurzeit ohne Ziel einfach so in den Tag hinein. Sie haben keine Visionen mehr und es wird Zeit, wieder neue Ziele sich vorzunehmen. Das Leben ist eine einzige Lehre und Sie müssen nur bereit sein zu lernen. Versuchen Sie mindestens 2 mal in der Woche eine Meditation zu machen. Benutzen Sie das Kontaktzeichen des 2. Reikigrades um mit Ihrer inneren Weisheit in Kontakt zu treten. Geben Sie sich während der Meditation regelmäßig Reiki auf Ihr Stirnchakra. Ein Calcit Heilstein oder Bergkristall auf das 3. Auge gelegt kann Ihnen ebenfalls helfen.

Als Bachblüten sind Wild Oat oder Scleranthus 4 mal 3 bis 4 Tropfen täglich zu empfehlen

Folgende Affirmationen unterstützen Sie bei Ihren Vorhaben:

Meine innere Weisheit führt mich und verschafft mir ein gutes, wunderbares Leben.

Ich öffne mich für den geistigen Pfad der Reinigung und werde zu meinem hohen Meisterselbst

Ich erlebe Wachstum, Ausdehnung und Fortschritt

Karte 18

Deine Hand kann sehr beweglich
sein wenn Du es willst
Reiche sie den Menschen
die in Not sind

Wenn wir an Menschen in Not denken, so kommen uns
sofort die Menschen in den Entwicklungsländern in den
Sinn. Oft beruhigen wir unser Gewissen dadurch, dass
wir eine Spende geben für Menschen die in Not sind.
Dies ist gut so, aber reicht es wirklich aus? Sind nicht in
unserem Umfeld auch Menschen, denen wir helfen
könnten? Vielleicht ältere Menschen, die nicht mehr
alleine einkaufen können oder einfach einmal jemand
brauchen, der ihnen zuhört? Es sind nicht immer große
Dinge notwendig, wenn man hinsieht, finden sich immer
Menschen, die Not leiden, auch in unserer näheren
Umgebung. Reiki heißt auch Liebe schenken und damit
ist nicht die Liebe zwischen den Geschlechtern gemeint,
sondern die Liebe allgemein. Geben Sie sich öfter Reiki
auf das Herzchakra. Ein Rosenquarz oder auch ein
Dumortierit können hier gute Dienste leisten. Als
Bachblüte wäre hier Pine 4 mal täglich 3 – 4 Tropfen zu
empfehlen.
Affirmationen sind:
Mir fällt es leicht, andere Menschen zu lieben und zu
akzeptieren.

Andere Menschen lieben und respektieren mich so, wie
ich bin.

Ich genieße es, anderen Menschen körperlich und
seelisch ganz nahe zu sein.

Karte 19

**Sei dem Schicksal dankbar
dass Du heute so bist
wie Du bist**

Unser Wesen entsteht durch angeborenes und anerlerntes Wissen. Da dies bei jedem Mensch verschieden ist, sind wir alle individuell. Jeder Mensch ist auf seine Art einzigartig und damit besonders wertvoll. Sie müssen dies nur erkennen und akzeptieren. Dies gilt sowohl für Ihre positiven Eigenschaften als aber auch für die negativen Eigenschaften.

Als Heilstein wirkt hier Calcit auf dem Stirnchakra sehr gut bei gleichzeitiger Reikigabe auf diesem Chakra. Als Bachblüte ist hier Beech sehr gut geeignet.

Affirmationen wären:

Mir fällt es leicht, mich für die Belange anderer Menschen zu öffnen

Ich werde von anderen in dem Maße respektiert und geachtet, wie ich ihnen Achtung und Respekt entgegenbringe

Ich erkenne jetzt in jedem Menschen - auch in mir - ein Licht Gottes, das ich freudig begrüßen kann

Karte 20

Achte auf Deine Finger!
Was halten sie so fest?

Wir Menschen waren früher einmal Jäger und Sammler. Das Sammeln haben wir nie ganz aufgehört. Es liegt uns noch im Blut und das, was wir einmal gesammelt haben, wollen wir auch nicht mehr hergeben. Das was wir gewohnt sind, ist uns so vertraut, dass wir daran festkleben. Oft sind dies unwichtige, ja manchmal sogar belastende Dinge. Alte Zöpfe sollten irgendwann einmal abgeschnitten werden, damit das Neue eine Chance zum Leben hat. Entrümpeln Sie Ihr Leben und Sie werden ganz neue und schöne Erfahrungen machen. Als Heilstein empfehle ich Ihnen Kyanit auch Disten genannt auf dem Stirnchakra und Moldavit auf dem Solarplexuschakra. Die Heilwirkung der Steine sollten Sie mit Reiki auf diesen Chakren unterstützen.

Honeysuckle und Centaury sind als Bachblüten 4 mal täglich 3 bis 4 Tropfen sehr geeignet.

Als Affirmationen können Sie folgende Sätze anwenden:

In mein Leben tritt Optimismus und Lebensfreude, ich erwarte nur Gutes!

Ich habe ein Ziel und setze mich dafür ein.

Ich spüre, wie etwas Neues und Angenehmes auf mich zukommt.

Karte 21

Abgefahrene Muster
zerreisen früher oder später
Akzeptiere das!

Diese Karte hat eigentlich die gleiche Aussagekraft wie die Karte Nr. 20. Sie müssen erkennen was in Ihrem Leben alles zu Erneuern ist. Im Laufe der Jahre haben wir uns an viele Dinge gewöhnt, ja wir haben manches davon richtig lieb gewonnen. Hin und wieder sollten wir unser Leben entrümpeln, auch wenn uns dies manchmal schwer fällt, aber nur so hat das Neue auch eine wirkliche Chance. Der Chalzedon oder der Chrysopras sind hier als Heilsteine sehr geeignet indem diese auf das Stirnchakra 20 Minuten aufgelegt werden. Ebenfalls sinnvoll sind Meditationen, bei denen ein Bergkristall auf das 3. Auge gelegt werden.

Mit den Bachblüten Beech und Cherry Plum können Sie abgefahrene Muster leichter ablegen.

Ich empfehle folgende Affirmationen:

Ich bin für alles Neue im meinem Leben offen

Ich weiß, dass ich durch meine Anlagen viele Möglichkeiten habe

Nach dem kalten Winter folgt auch wieder Frühling und Sommer

Karte 22

Achte auf Deine Knie
Wie oft am Tag müssen
sie sich beugen?
Lasse sie einen Tag ruhen!

Urlaub auch wenn es nur ein paar Tage sind ist jetzt angesagt. Es nutzt nichts, sich auf zu opfern, man muss auch einmal an sich denken. Nur wenn Sie fit und gesund sind, können Sie auch anderen helfen und sind damit auch selbst zufrieden. Gönnen Sie sich einmal ein paar Wellnesstage bei denen Sie richtig entspannen können. Mit Boji-Steinen (lebende Steine) können Sie sehrgut Energie tanken. Legen Sie hierbei einen in die rechte, den anderen in die linke Hand, so entsteht ein sehr starker Energiefluss. Diese Steine sind als Pärchen erhältlich, also jeweils ein männlicher und ein weiblicher Stein. Ebenso sollten Sie regelmäßig sich eine Reikiganzbehandlung gönnen.

Als Bachblüte sind geeignet: Agrimony und Hornbeam 4 mal täglich 3 bis 4 Tropfen

Als Affirmationen empfehle ich folgende Sätze:

In mein Leben tritt Optimismus und Lebensfreude, ich erwarte nur Gutes!

Ich nehme die Beschränkungen des Lebens an und setze mich wohlwollen damit auseinander

Ich bin sicher und stark, nichts kann dies ändern

Karte 23

Fühlst Du Dich als Opfer im Leben?
Das bist Du nicht!
Du hast die Rolle
freiwillig übernommen!

Grundsätzlich ist jeder Mensch für sein Leben selbstverantwortlich. Dies zu erkennen und zu akzeptieren wäre Ihre erste Aufgabe. Sicher ist es oft viel leichter, anderen die Schuld für eigene Unzulänglichkeiten zu geben, aber Sie haben dies oft einfach zugelassen. Es wird Zeit, etwas egoistischer zu sein, das Leben selbst positiv zu verändern. Dazu sollten Sie sich täglich Reiki auf Ihr Solarplexuschakra und das Halschakra geben. Als Heilstein sollten Sie einen Sugilith ständig bei sich tragen. Dieser Stein ist so energicreich, dass er nicht aufgeladen werden muss.

Mit den Bachblüten Vervain und Chicory 4 mal täglich 3 bis 4 Tropfen können Sie Ihr Vorhaben leichter in die Tat umsetzen.

Folgende Affirmationen werden Ihnen helfen:

Ich bin motiviert, all das, was ich mir vornehme, auch zu erreichen

In mein Leben tritt Optimismus und Lebensfreude, ich erwarte nur Gutes!

Ich nehme mein Leben an so wie es ist.

Karte 24

Lebe einfach! Lebe jetzt!
Kein Mensch hat das Recht
über Dein Leben zu bestimmen

Das Leben ist das wertvollste, was Sie je geschenkt bekommen haben. Was Sie daraus machen, ist ganz alleine Ihre Angelegenheit. Was nutzt es Ihnen, nur zu jammern? Damit erreichen Sie überhaupt nicht. Gehen Sie Ihren Weg. Überlegen Sie, was Sie brauchen um glücklich zu sein und beginnen Sie damit, dafür zu kämpfen. Es lohnt sich! Sie haben nicht unbegrenzt Zeit, Ihre Ziele zu erreichen.

Als Heilstein sollten Sie einen Spinell ständig bei sich tragen. Ebenfalls sehrgut geeignet ist der Sugilith (siehe Karte 23)

Mit den Bachblüten Wild Oat und Wild Rose können Sie Ihre Vorhaben unterstützen.

Als Affirmationen empfehle ich folgende Sätze täglich mehrmals zu sprechen:

Ich bin für alles Neue im meinem Leben offen

Ich verdiene, dass es mir gut geht

Ich bin mein eigener Herr und lebe mein Leben selbst

Karte 25

Halte Deine Augen offen
Laufe nicht blind
durch Dein Leben
Es gibt viel Wichtigeres zu tun

Sie träumen gerne so vor sich hin in den Tag hinein. Sicher ist dies manchmal auch gut so, aber Träume sind die eine Seite, das Leben ist eine ganz andere Seite. Sie sollten bei all den Träumereien nicht vergessen zu leben, sonst verpassen Sie das Wichtigste. Setzen Sie sich ein konkretes Ziel und arbeiten Sie auf dieses Ziel hin, dann erfüllen sich auch Ihre Träume. Legen Sie sich einen Bergkristall (eventuell auch einen Herkimer Diamant) auf das Stirnchakra und geben Sie sich täglich mindestens 20 Minuten Reiki auf das 3. Auge. Ebenfalls geeignet ist der Lapislazuli, welchen Sie auf Ihr Kronenchakra legen sollten.

Zur Unterstützung können Sie 4 mal täglich 3 bis 4 Tropfen Clematis Bachblüten zu sich nehmen.

Als Affirmationen sind folgende Sätze geeignet:

Ich habe ein Ziel und setze mich dafür ein.

Ich spüre, wie etwas Neues und Angenehmes auf mich zukommt.

Ich wachse an meinen Bedürfnissen, Wünschen und Träumen.

Karte 26

Verzeihe Deinen Feinden
Sie sind der Spiegel Deiner Seele
Erkenne Dich!

So wie Sie mit anderen Menschen umgehen, werden diese auch mit Ihnen umgehen. Es ist also besser, Menschen die Sie nicht mögen, ja vielleicht sogar hassen, Liebe entgegen zu bringen als Hass, denn beides kommt immer wieder zu Ihnen zurück. Das Gefühl der Liebe wird Ihr Leben erst so richtig lebenswert machen. Sie werden viel mehr Zeit für Ihr Leben haben und nicht mehr so viele unnütze Energie für den Hass verschwenden. Wenn Sie den 2. Reikigrad erreicht haben, senden Sie den Menschen, die Sie nicht leiden können, einmal Liebe. Sie werden überrascht sein, wie gut Sie sich anschließend fühlen. Aber tun Sie dies mit offenem, ehrlichen Herzen. Als Heilstein empfehle ich Ihnen Kunzit oder Rosenquarz auf Ihrem Herzchakra.

Mit der Bachblüte Holly 4 mal täglich 3 bis 4 Tropfen unterstützen Sie Ihre Vorhaben.

Als Affirmationen geeignet sind folgende Sätze:

Ich halte Ärger und jede Erregung von meiner Seele fern

Ich genieße die Fülle in meinem Leben und gebe sie gerne weiter

Ich beziehe alle Menschen in meine bedingungslose Liebe mit ein.

Karte 27

Nimm die Maske ab
Ein wahres Herz braucht
keine Maske vor dem Gesicht

Was wollen Sie hinter Ihrer Maske verbergen? Die Maske ist zwar ein Schutz, aber genauso wie sie keine Gefühle zeigt, lässt sie auch keine Gefühle zu Ihnen durch. Haben Sie keine Angst davor verletzt zu werden. Solange Sie sich hinter der Maske verbergen, geht das wahre Leben an Ihnen vorbei, ohne dass Sie dies mitbekommen. Es ist schade, um jeden Tag den Sie so verschenken. Das Leben ist sehr schön, nehmen Sie es endlich an. Als Heilstein ist der Apatit für das Solarplexuschakra hervorragend geeignet bei gleichzeitiger Reikigabe auf dieses Chakra.

Clematis und Agrimony können Sie unterstützend einsetzen 4 mal täglich 3 bis 4 Tropfen

Erfolgreiche Affirmationen wären:

Ich fühle mich geborgen in der Gegenwart anderer Menschen

Ich bin ein wundervoller Mensch, daher erlebe ich wundervolle Beziehungen zu anderen Menschen

Ich bin dankbar für die wundervollen Beziehungen, die ich habe

Karte 28

Sei dankbar Deinen Feinden
Sie zeigen Dir den Weg
obwohl Du ihn
noch nicht erkannt hast

Sie sind bereits auf Ihrem Weg, wollen diesen aber noch nicht akzeptieren. Deshalb sind Ihnen Menschen, die Ihnen diesen Weg immer wieder aufzeigen nicht willkommen. Achten Sie auf das, was Ihnen diese Menschen sagen. Bleiben Sie nicht einfach stehen, früher oder später werden Sie diesen Weg weitergehen auch wenn Sie sich im Moment dagegen sträuben. Meditieren Sie 1 bis 2 mal in der Woche. Legen Sie sich dabei einen Bergkristall mindestens 20 Minuten auf das Stirnchakra.

Die Bachblüten Scleranthus und Wild Oat 4 mal täglich 3 bis 4 Tropfen sind als Unterstützung sehr geeignet.

Folgende Affirmationen sollten Sie täglich benutzen:

Ich vertraue meinen Mitmenschen und diese vertrauen mir.

Ich weiß, ich kann von und mit anderen Menschen sehr viel lernen.

Das Schöne, was ich in anderen sehe, ist auch in mir vorhanden.

Karte 29

Lasse los!
was schon längst vergangen ist
Du bist nicht alleine Schuld

Befreien Sie sich von Ihren Schuldgefühlen, lassen Sie endlich los, was nicht mehr existiert. Nicht die Frage, wer oder was ist Schuld ist die Lösung, sondern wie geht es weiter. Bedenken Sie, dass Sie Ihr Leben weitergeht. Solange Sie nicht loslassen, haben Sie sich selbst Fesseln auferlegt. Es ist an der zeit, sich um die Zukunft zu kümmern und in dieser hat das Vergangene keinen Platz. Lernen Sie aber aus dem Vergangenen, damit Sie nicht die gleichen Fehler nochmals machen. Gute Heilsteine wären der Citrin für Solarplexus und der Chrysopras für das Herzchakra.

Als Bachblüten sind Cherry Plum und Willow 4 mal täglich 3 bis 4 Tropfen geeignet.

Folgende Affirmationen sollten Sie täglich benutzen:

Ich gehe durch diesen Schmerz durch Annahme, er reinigt mich

Ich habe ein Ziel und setze mich dafür ein.

Ich spüre, wie etwas Neues und Angenehmes auf mich zukommt

Karte 30

**Übernehme nicht
die Verantwortung für andere
Jeder ist alleine der Schmied**

Es gibt Menschen in Ihrem Umfeld, die nutzen Sie aus und kosten Sie sehr viel Energie. Sie fühlen sich jedes Mal schlapp und ausgebrannt, wenn Sie Kontakt zu diesen Menschen hatten. Sie können nicht deren Leben übernehmen, auch nicht die Verantwortung hierfür. Es bringt nichts, immer wieder diesen Menschen zu helfen. Diese müssen sich selbst helfen, das ist der einzig richtige Weg. Bei dieser Selbsthilfe können Sie Ihre Hilfe anbieten, aber passen Sie auf, dass dies nicht zur lieben Gewohnheit wird. Sie können den Weg zeigen, aber gehen müssen die anderen Menschen den Weg schon alleine. Tragen Sie ständig einen Gagat – auch Jett genannt als Schutzstein bei sich.

Als Bachblüte ist Chicory 4 mal täglich 3 bis 4 Tropfen geeignet

Folgende Affirmationen sollten täglich angewandt werden:

Ich richte und urteile nie über andere.

Ich gönne dem anderen den Erfolg zu jeder Zeit - und weiß, dass auch ich Erfolg zu jeder Zeit verdiene.

Ich entscheide und tue in allen Dingen immer nur das Gute

Karte 31

Entscheidungen bedeuten
Verantwortung
Bitte Deinen Schutzengel
um Hilfe

Sie stehen vor wichtigen Entscheidungen entweder beruflich oder privat, die Ihnen sicherlich nicht leicht fallen. Sie sollten eine Meditation machen, bei der Sie Ihre Schutzengel anrufen und diese um Hilfe bitten könnten. Erwarten Sie aber nicht, dass Ihre Schutzengel für Sie entscheiden, dies wird nicht geschehen. Sie werden aber Zeichen bekommen, die Sie erkennen und beachten sollten. Sie können sich während der Meditation einen Bergkristall oder einen Serpentinstein auf das Stirnchakra 20 Minuten auflegen.

Als Bachblüten eignen sich Cerato und/oder Scleranthus 4 mal täglich 3 bis 4 Tropfen

Folgende Affirmationen sind hilfreich:

Ich sende strahlende Kraft aus und ziehe alles Förderliche an

Meine innere Weisheit führt mich und verschafft mir ein gutes, wunderbares Leben.

Meine Schutzengel begleiten und beschützen mich

Karte 32

Weine, wenn Du weinen willst
Das ist die Reinigung
Deiner Seele
Weine aber nicht zu lange

Immer wieder geschehen Dinge in unserem Leben, die uns schmerzen, uns verletzen. In diesen Fällen ist es gut, wenn Sie weinen können denn dies reinigt Ihre Seele. Auch sollten Sie über diese Schmerzen mit jemanden reden – vielleicht mit Ihrem Reikilehrer? Aber bei jeder Reinigung kehrt irgendwann auch Sauberkeit ein. Also weinen Sie wenn Ihnen danach ist, aber achten Sie auch darauf, dass Sie wieder aufhören mit dem Weinen und sich Ihrem Leben wieder zu wenden. Legen Sie sich einen flachen Nephrit oder einen Apophyllit nachts unter das Kopfkissen und geben Sie sich täglich eine Reikiganzbehandlung.

Als Bachblüte hilft Ihnen „Star of Bethlehem" oder „Wild Rose" 4 mal täglich 3 bis Tropfen

Affirmationen wären:

Ich weiß, ich kann von und mit anderen Menschen sehr viel lernen.

Das Schöne, was ich in anderen sehe, ist auch in mir vorhanden.

Ich liebe und werde geliebt

Karte 33

Du kannst die Tränen verstecken
Verstecke aber nicht Dein Lachen

Lachen ist oft eine sehr heilsame Medizin. Egal wie sehr Sie verletzt worden sind, ganz gleich wie enttäuscht, Sie sollten sich nicht einigeln, sondern unter Menschen gehen mit denen Sie lachen können. Nehmen Sie sich diesen Vorsatz fest vor und Sie werden schnell merken, wie es Ihnen besser geht. Bernstein und Hämatit als Handschmeichler werden Ihnen dabei helfen, wieder Lebensfreude zu empfinden. Lassen Sie sich hin und wieder eine Reikibehandlung zukommen.

Als Bachblüte wären Wild Rose und Rock Water 4 mal 3 bis 4 Tropen täglich geeignet

Folgende Affirmationen helfen Ihnen ebenfalls

Ich bin dankbar für die wundervollen Dinge, die ich erleben darf.

Das Leben meint es gut mit mir deshalb bin ich glücklich

Ich fühle mich geborgen in der Gegenwart anderer Menschen

Karte 34

Vertraue Deinem Schutzengel
Er weiß was für Dich gut ist
Er wird mit Dir Deinen Weg gehen

Jeder Mensch hat einen oder sogar mehrere Schutzengel. Diese sind immer in unserer Nähe, aber die meisten Menschen nehmen sie erst wahr, wenn die Schutzengel sie vor etwas Schlimmen bewahrt haben. Versuchen Sie im Rahmen einer Meditation Kontakt zu Ihren Schutzengeln herzustellen. Erwarten Sie nicht, diese auch zu sehen. Bitten Sie einfach um ein Zeichen (nicht festlegen) für Ihre Anwesenheit. Bedanken Sie sich bei den Schutzengel für Ihren Beistand. Während der Meditation können Sie sich über alle Chakren mit Reiki versorgen. Einen Bergkristall sollten Sie sich dabei auf Ihr Stirnchakra legen.

Als Bachblüte wäre „Star of Bethlehem" eine gute Hilfe
4 mal 3 bis 4 Tropfen täglich

Folgende Affirmationen unterstützen Sie:

Ich vertraue meinen Schutzengeln und Gott

Ich bin kein hilfloses Wesen noch Opfer, sondern ein Kind Gottes!

Nur Gott weiß, wohin mich mein Weg führen wird, doch ich weiß, ich bin nie ohne ihn, er begleitet mich allezeit.

Karte 35

Vertraue Gott
Er nimmt Dir Deine Sorgen nicht weg
Er gibt Dir aber Kraft
sie zu ertragen

Alle Menschen auf dieser Welt haben einen Glauben. Manche nennen Ihren Schöpfer Allah, andere nennen ihn Buddha und wieder andere nennen ihn Gott. Ganz gleich welchen Namen Sie benutzen, wichtig ist der Glaube, denn er bringt uns auch Hoffnung in ausweglosen Situationen. Allerdings neigen viele Menschen dazu, nur dann an Gott zu glauben, wenn Sie seine Hilfe benötigen, ja sie vergessen oft sogar, Gott zu danken, wenn sie seine Hilfe nicht benötigen. Gott um Hilfe zu bitten heißt nicht, ihm die eigenen Sorgen zu übertragen und dann wird alles von alleine gut, nein, man muss selbst schon auch etwas dafür tun. Gönnen Sie sich eine Reikiganzbehandlung bei der Sie einen Amethysten über das Kronenchakra legen sollten oder Sie können auch einen Steinkreis bilden (siehe Karte 13)
Als Bachblüte sind Gentian und Larch 4 mal täglich 3 bis 4 Tropfen geeignet.
Geeignete Affirmationen wären:

Ich bin EINS und in Frieden mit allen Wesen unter dem Himmel, denn wir sind alle Gottes Kinder - und vor Gott sind wir alle gleich!

Mein Wille ist Gottes Wille und sein Wille ist mein Tun.

Ich bin das Licht und die Liebe, so wie Gott mich wirklich erschaffen hat.

Karte 36

Nimm Dein Herz wahr
Es ist das Haus der großen Liebe
Sorge dafür, dass immer
Ordnung dort herrscht!

Konzentrieren Sie sich in Gefühlsdingen auf das Wesentliche. Geteilte Gefühle sind nur halbe Gefühle und damit gibt sich auf Dauer niemand zufrieden. Wenn Sie Ihr Glück finden und festhalten wollen müssen Sie sich auch entscheiden. Hören Sie auf Ihr Herz- oder Bauchgefühl. Horchen Sie in sich hinein und Sie werden die Antwort ganz sicher finden. Hierbei werden Ihnen der Turmalin oder ein Rubin sicher gute Dienste leisten. Reiki auf Ihr Herzchakra sollten Sie täglich geben.

Als Bachblüten sind der „Star of Bethlehem" oder „Sweet Chestnut" 4 mal täglich 3 bis 4 Tropfen geeignet.

Folgende Affirmationen unterstützen Sie:

Ich lebe in liebevollen und ehrlichen Beziehungen

Ich bin dankbar für die wundervollen Beziehungen, die ich habe

Meine Beziehungen sind von Harmonie, Wohlwollen, Liebe und Verständnis geprägt

Karte 37

Nimm Du Dich selbst wahr
Mit allen Schatten Deines Lebens
Ohne diese hättest Du
das Licht nicht erkannt

Nach dem Yin- Yang – Prinzip kann es das Negative nicht ohne das Positive und umgekehrt geben. Sie müssen auch das Negative in Ihrem Leben akzeptieren ohne das es das Positive nicht geben würde. Nur wer das Negative akzeptieren kann, ist in der Lage, das Positive als Solches zu erkennen und zu würdigen. Mit einer Meditation werden Sie in die Lage versetzt, tief in sich hinein zu horchen und sich dann auch mit dem Negativen auseinander zu setzen. Dabei sollten Sie sich einen Topas oder Bergkristall auf Ihr Stirnchakra legen. Ebenfalls ist es sinnvoll, sich das Sitrnchakra mit Reiki zu versorgen.

Die Bachblüte „Wild Rose" kann Ihnen 4 mal täglich 3 bis 4 Tropfen gute Hilfestellungen geben

Mit folgenden Affirmationen unterstützen Sie Ihren Weg zur Erkenntnis:

Ich habe ein Ziel und setze mich dafür ein.

Ich spüre, wie etwas Neues und Angenehmes auf mich zukommt

Meine Emotionen ermöglichen mir eine andere Wahrnehmung

Karte 38

Sei wie ein Kind
Offen, neugierig und liebenswürdig
Wenn Du das Kinderherz in Dir nicht verloren hast
zählst Du zu den großen Menschen

Kinder bis zum 7. Lebensjahr sind offene Reikikanäle, erst danach werden diese Kanäle durch Erziehung, Erfahrungen, Erlebnisse immer mehr blockiert. Der Sinn des Lebens besteht darin, sich weiter zu entwickeln, immer wieder Neues zu lernen. Dazu müssen Sie sich öffnen, neuen Eindrücken und Erfahrungen ohne Vorurteile gegenüber stehen, so wie Sie es als Kind auch getan haben. Wer sich blockiert, kann sich nicht weiterentwickeln und wird auf seinem Lebensweg einfach stehen bleiben. Arbeiten Sie daran, öffnen Sie sich. Dabei hilft Ihnen ein Chakraausgleich bei dem Sie auf alle Chakren Reiki geben sollten. Beachten Sie die Chakrenfarben, dann können Sie jeweils auf jedes Chakra den dazu passenden Heilstein zur Unterstützung auflegen. Sie können aber auch mit Bergkristall auf jedem Chakra den gleichen Erfolg erzielen. Die Bachblüte Agrimony 4 mal täglich 3 bis 4 Tropfen einnehmen wird Ihnen hier helfen. Folgende Affirmationen sollten Sie täglich beherzigen:

Jeder Tag präsentiert mir wunderbare Möglichkeiten

Ich entscheide und tue in allen Dingen immer nur das Gute

Ich bin offen für alles Neue und nehme dies liebevoll an.

Karte 39

Leben ist Kampf, kämpfe würdig
Verletze Dich und die anderen nicht
Sage die Wahrheit auch
wenn sie nicht verstanden wird

Gute Argumente helfen Ihnen mit vielen Schwierigkeiten in Ihrem Leben fertig zu werden. Versuchen Sie dabei immer ganz dicht an der Wahrheit zu bleiben, denn ein altes Sprichwort sagt: „Lügen haben kurze Bein". Vermeiden Sie auf jeden Fall andere Menschen zu verletzen, denn diese Verletzungen werden ganz sicher irgendwann einmal zu Ihnen zurückkommen. Sie sollten immer so kämpfen, dass Sie morgens ohne Angst zu haben in den Spiegel schauen können. Bleiben Sie auch Ihren Gegnern immer fair gegenüber. Neben Bergkristall helfen Ihnen auch Jade oder ein Azurit als Handschmeichler. Ebenfalls sollten Sie sich einmal in der Woche eine Reikiganzbehandlung gönnen. Die Bachblüten Agrimony und Olive 4 mal täglich 3 bis 4 Tropfen einnehmen werden Ihnen hier helfen. Folgende Affirmationen sollten täglich angewandt werden:

Ich bemühe mich täglich zum Glück anderer beizutragen.

Ich sende strahlende Kraft aus und ziehe alles Förderliche an

Was ich beständig und beharrlich denke, werde ich verwirklichen.

Karte 40

Große Herzen brauchen keine Werbung
Sei still und klein und schenke Liebe
ohne etwas zu erwarten
Daran wird Deine Größe erkannt.

Diese Karte will Ihnen sagen, dass Sie zu viele Erwartungen an Ihre Mitmenschen stellen und sich selbst dabei immer gerne im Mittelpunkt stehen sehen. Treten Sie etwas mehr in den Hintergrund, öffnen Sie dabei Ihr Herz und versuchen Sie dabei liebevoll mit Ihrem Umfeld umzugehen. Denken Sie bei Ihren Reikibehandlungen immer an die Erdung. Ein roter Jaspis auf dem Wurzelchakra wird Ihnen dabei helfen. Außerdem sollten Sie einen Rosenquarz oder einen Azurit auf Ihr Herzchakra legen.

Die Bachblüten Beech und Vervain können Sie als Unterstützung 4 mal täglich 3 bis 4 Tropfen einnehmen.

Als Affirmationen empfehle ich Ihnen:

Ich bin ohne Arg gegen meinen Nächsten und ein Magnet des Guten

Mein heiteres Wesen stimmt alles freundlich und sympathisch - ich gewinne gute Freunde und Partner

Ich ziehe jeden freundlichen Menschen mit meiner positiven Kraft an

Karte 41

**Gott hat Dir das Lachen geschenkt
Aber Lachen musst Du selber!**

Kann es sein, dass Sie vor lauter Problemen die schönen
Seiten des Lebens nicht mehr wahrnehmen? Es nutzt
Ihnen nichts, den Kopf in den Sand zu stecken und darauf
zu warten, dass andere Ihre Probleme lösen. Packen Sie
Ihre Probleme an und zwar eins nach dem anderen.
Vergessen Sie dabei nicht zu leben. Gehen Sie unter
Menschen, lachen Sie mit diesen und Sie werden schnell
feststellen, dass Ihr Leben doch lebenswert ist. Als
Heilsteine sollten sie neben Bernstein mit Zirkon und
Amazonit arbeiten. Eine wöchentliche
Reikiganzbehandlung wird Ihnen sicher auch gut tun.

Heather und Gentian sind geeignete Bachblüten zur
Unterstützung 4 mal täglich 3 bis 4 Tropfen.

Mit folgenden Affirmationen können Sie ebenfalls
Erfolge erzielen:

Ich verbinde mich mit meinem geistigen Ursprung und
habe damit meinen Lebenssinn schon gefunden

Ich bin das Licht und die Liebe, so wie Gott mich
wirklich erschaffen hat

Ich bejahe das Glück und das Leben von ganzem Herzen

Karte 42

Wenn du die Möglichkeit bekämst
Dein Leben zu ändern
hättest Du es genauso gelebt
Also lebe Dein Leben!

Sie verkriechen sich hinter einer Mauer und sind mit sich und Ihrem Leben unzufrieden. Es wird Ihnen wenig nutzen sich selbst zu bemitleiden. Das Leben ist viel zu kurz um es stillstehen zu lassen. Leben Sie ihr Leben jetzt. Bedenken Sie immer, dass es viele Menschen gibt, denen es sehr viel schlechter geht als Ihnen. Legen Sie sich mindestens 20 Minuten täglich einen Citrin auf Ihr Solarplexuschakra. Sie können diesen Stein auch als Anhänger direkt auf der Haut tragen. Eine Reikiganzbehandlung bei der das Solarplexuschakra insbesondere behandelt wird, wirkt ebenfalls Wunder.

Olive und Wild Rose 4 mal täglich 3 bis 4 Tropfen werden Ihnen helfen.

Als Affirmationen empfehle ich:

Von Mal zu Mal gelingt es mir besser, meine Bedürfnisse wahrzunehmen und für mich zu sorgen.

Ich sende strahlende Kraft aus und ziehe alles Förderliche an

Ich bin reif für das Glück, und darum stellt es sich ungehindert überall, wo ich es brauche, in meinem Leben ein.

Karte 43

Sei herzlich
Wenn Du einen grünen Zweig
im Herzen trägst
wird sich ein singender Vogel
dort niederlassen

Missmutige und griesgrämige Menschen sind einsame Menschen denn wer will schon etwas mit solchen Menschen zu tun haben. Gehen Sie freundlich und nett auf Ihre Mitmenschen zu. Versuchen Sie es auch wenn es Ihnen schwer fällt und Sie werden schnell merken, dass auch Ihr Umfeld viel freundlicher auf Sie reagiert. Tragen Sie möglichst einen Goldtopas direkt auf Ihrer Haut. Herz- und Halschakra sollten ausreichend mit Reiki versorgt werden.

Als Bachblütenunterstützung können Sie Holly und Willow 4 mal täglich 3 bis 4 Tropfen verwenden.

Geeignete Affirmationen sind:

Es geht mir gut und ich zeige dies jedem.

Ich genieße die Fülle in meinem Leben und gebe sie an andere weiter

In mein Leben tritt Optimismus und Lebensfreude, ich erwarte nur Gutes

Karte 44

Rede nicht zuviel, handele!
Handle vernünftig
Worte kann man zurück ziehen
Taten nicht mehr!

Die Zunge ist manchmal ein scharfes Schwert. Bedenken Sie immer, dass Worte sehr verletzen können. Dies bedeutet, dass Sie zuerst überlegen sollten bevor Sie reden. Sie möchten schließlich auch nicht verletzt werden. Noch schlimmer ist dies bei Taten. Diese sind in der Regel nicht mehr so einfach rückgängig zu machen. Hier muss man sicher ganz sicher sein, dass man dies auch wirklich so möchte. Überprüfen Sie, wie Sie auf diese Worte oder Taten reagieren würden, wenn Ihr Gegenüber Ihnen das sagen würde oder dies tun würde. Wer liebevoll mit seinen Mitmenschen umgeht hat mehr vom Leben. Nutzen Sie die heilvollen Schwingungen des Chrysokoll indem Sie diesen Stein auf Ihr Herzchakra legen. Ebenfalls sollten Sie das Herzchakra und Ihr Halschakra regelmäßig mit reiki versorgen. Die Bachblüte Holly 4 mal täglich 3 bis 4 Tropfen werden sicher nützlich sein.
Als Affirmationen empfiehlt sich:

Ich beziehe alle Menschen in meine bedingungslose Liebe mit ein

Ich liebe mich selbst - daher lieben mich auch andere

Ich gebe jetzt alle negativen Gedanken, die ich über Menschen hatte, vollkommen auf.

Karte 45

Sei aufmerksam im Leben
Da wirst Du das Kleine
im Großen sehen, das Viele im Wenig

Gehen Sie nicht so oberflächlich durch die Welt. Es gibt so viele schöne Dinge die Sie sehen sollten oder erleben dürfen. Es sind nicht immer die großen und weltbewegenden Dinge. Oft reicht eine kleine Blume oder ein Schmetterling aus um uns schon glücklich zu machen, um das Leben zu genießen. Wer blind war und dann plötzlich sehen kann wird Ihnen dies sicher gerne bestätigen. Das alte Sprichwort: „ Der Spatz in der Hand ist besser als die Taube auf dem Dach" trifft hier voll zu. Reduzieren Sie Ihre Wünsche um glücklich zu werden. Legen Sie abends einen Herkimer Diamanten in ein Schnapsglas voll Wasser und trinken Sie dieses Wasser am nächsten Morgen mehrmals in der Woche. Das Stirnchakra und das Kronenchakra sollte regelmäßig mit Reiki versorgt werden.

Agrimony Bachblüte 4 mal täglich 3 bis 4 Tropfen einnehmen.

Als Affirmationen sind geeignet:

Ich entscheide und tue in allen Dingen immer nur das Gute

Ich freue mich auch über jedes kleine Glück

Viele kleine Dinge werden in der Masse ein Großes

Karte 46

**Grüble nicht über das
was geschehen ist
Es ist schwer aus dem Schrott
ein neues Haus zu bauen!**

Warum hängen Sie an dem Vergangenen? Sie können es jetzt sowieso nicht mehr ändern. Orientieren Sie sich deshalb besser an der Zukunft. Das Vergangene war dann gut, wenn Sie daraus gelernt haben. Seien Sie dem Vergangenen dankbar für diese Lehre und beginnen Sie vorbehaltlos mit dem Neuen. Es gelingt Ihnen leichter, wenn Sie visuell die alten Bänder mit einer Schere durchschneiden. Krempeln Sie Ihre Ärmel hoch und packen Sie das Neue endlich an. Legen Sie sich während der Reikibehandlung einen Citrin auf Ihr Solarplexuschakra.

Honeysuckle und Star of Bethelehem sind geeignete Bachblüten bei 4 mal täglicher Einnahme von 3 bis 4 Tropfen

Affirmationen sind:

Jeder Tag präsentiert mir wunderbare Möglichkeiten

Ich bin für alles Neue im meinem Leben offen

Ich spüre, wie etwas Neues und Angenehmes auf mich zukommt

Karte 47

Sei bereit zu verzeihen
Wenn Du die Weisheit im Leben suchst
musst Du erst dem Anderen
das Anderssein verzeihen

Wer Liebe und Achtung empfangen möchte, muss diese zuerst aussenden. Wir haben nicht das Recht andere zu verurteilen nur weil diese vielleicht eine andere Meinung als wir selbst haben. Dies steht so auch in unserem Grundgesetz. Wenn Sie dies beherzigen, anderen ihre Meinung zu akzeptieren auch dann, wenn Sie anderer Meinung sind, dann sind Sie weise. Der Mensch ist zum Glück ein Individuum und somit ist jeder Mensch verschieden und dies ist auch gut so, denn sonst wäre das Leben sicher langweilig. Mit einem Chrysoberyll als Handschmeichler oder einer Kette aus Olivensteinchen direkt auf der Haut getragen erzielen Sie die gewünschten Erfolge.

Als Bachblüten sind Heather oder Vervain 4 mal täglich 3 bis 4 Tropfen geeignet.

Folgende Affirmationen sollten Sie täglich benutzen:

Ich akzeptiere meine Mitmenschen so wie sie sind

Ich fühle mich geborgen in der Gegenwart anderer Menschen

Andere Menschen unterstützen mich in meinem persönlichen Wachstum und Vorwärtskommen

Karte 48

Leben ist Wandlung
Wandele langsam und habe keine Angst
vor dem langsamen Vorwärtsgehen
Fürchte Dich vor dem Stehenbleiben.

Wir Menschen mögen eigentlich keine großen Veränderungen, wir halten lieber an dem fest, was wir bereits kennen. Aber wir wären noch in der Steinzeit, würden wir Veränderungen grundsätzlich ablehnen. Wir sollten uns stets weiterentwickeln und dazu benötigen wir Veränderungen. Halten Sie sich also nicht weiter an alten Zöpfen fest, sondern lassen Sie den Wandel zu, gehen Sie neue Wege. Diese führen Sie zu Ihrem Ziel. Ein Chalzedon direkt auf der Haut getragen hilft Ihnen dabei. Ebenfalls sollten Sie mehrere Reikiganzbehandlungen durchführen oder durchführen lassen.

Centian und Cerato sind geeignete Bachblüten die Sie unterstützen.

Als Affirmationen können Sie folgende Sätze verwenden:

Ich bin motiviert, all das, was ich mir vornehme, auch zu erreichen

Ich öffne mich dem Neuen vorbehaltlos und bin sicher, dass mir dies hilft.

Ich spüre, wie etwas Neues und Angenehmes auf mich zukommt

Karte 49

**Du lernst einen Baum kennen
wenn Du Dich an ihn lehnst**

Was manche so genannte Freunde wirklich wert sind, erkennen Sie oft erst dann, wenn Sie Freunde brauchen. Vorsicht bei der Auswahl der Freunde ist angebracht sonst sind sie später vielleicht enttäuscht. Wenn es Ihnen gut geht, haben Sie sich viele Freunde, aber sind die auch alle für Sie da, wenn es Ihnen schlecht geht? Weniger ist hier oftmals mehr. Lieber nur 2 oder 3 wirkliche Freunde als viele falsche Freunde. Sie sollten sich mit einem Magnesit oder Turmalin schützen. Ebenfalls kann Reiki auf das Sitrnchakra den Blick öffnen.

Als Bachblüte hilft Ihnen Cerato 4 mal täglich 3 bis 4 Tropfen.

Mit folgenden Affirmationen können Sie sich ebenfalls schützen:

Ich bin sicher und geschützt, nichts kann dies ändern

Ich bin voller Frohsinn und Heiterkeit, nichts kann mich erschüttern

Ich sende strahlende und liebende Kraft aus und bin geschützt vor dem Negativen

Karte 50

Halte Deinen Zorn unter Kontrolle
Es kann sein, dass Du an einem Tag
das Korn verschüttest was Du in
schwierigen Tagen gesammelt hast.

„Gerade heute sei nicht ärgerlich" heißt die erste Reiki Lebensregel nach **Mikao Usui.** Diese sollten Sie immer dann beherzigen, wenn Sie bemerken, wie Sie immer zorniger werden. Es gibt ein altes Sprichwort welches da heißt: „Schreien ist deshalb grundverkehrt, weil es das Verstehen erschwert". Bleiben Sie also ruhig, versuchen Sie Ihre Gefühle unter Kontrolle zu bekommen. Der Heilstein Chrysokoll wird Ihnen sicher gute Dienste leisten. Ebenfalls sollten Sie sich das Herzchakra mit Reiki versorgen.

Die Bachblüte Holly 4 mal täglich 3 bis 4 Tropfen wird sicher Ihren Zorn besänftigen.

Als Affirmationen geeignet sind folgende Sätze:

Ich bin ganz ruhig und ausgeglichen

Von Mal zu Mal gelingt es mir besser, meine Bedürfnisse wahrzunehmen und für mich zu sorgen

Ärger prallt von mir ab, denn mein Schutzengel ist immer bei mir.

Karte 51

Gerade heute sei nicht ärgerlich

Hierbei handelt es sich um die 1. Lebensweisheit des Dr. Mikao Usui. Sehr viel besser gefällt mir aber der positiv überarbeitetes Spruch: Gerade heute sei fröhlich und gelassen.

Ärger ist ein Gefühl und Gefühle sollte man nie unterdrücken. So ist diese Lebensregel auch sicherlich nicht zu verstehen. Ich persönlich sehe eher darin die Aufforderung wenigstens eine Nacht drüber zu schlafen bevor man auf den Ärger reagiert. Wenn Sie dies beherzigen, werden Sie sehr schnell feststellen, dass der Ärger gar nicht mehr so groß ist wenn Sie eine Nacht darüber geschlafen haben. Wenn Sie sich ärgern werden Sie sicherlich bemerken, wie sich Ihr Magen zusammen zieht. In diesem Falle sollten Sie sich gleich auf das Solarplexuschakra Reiki geben. Ebenso können Sie sich einen Rosenquarz auf ihr Herzchakra legen.

Affirmationen

Mein Herz ist offen und voller Liebe

Ärger prallt von mir ab, denn mein Schutzengel ist immer bei mir.

Karte 52

Gerade heute sorge Dich nicht

Hierbei handelt es sich um die 2. Lebensweisheit des Dr. Mikao Usui

Wir Menschen neigen leider dazu, uns von unseren Ängsten und Sorgen beherrschen zu lassen und vergessen dabei zu leben. Sicherlich ist es fast normal geworden sich Sorgen um seinen Arbeitsplatz oder um das gesicherte Einkommen oder um unsere Gesundheit zu machen. Aber nach dem Gesetz der Anziehung werden wir arbeitslos oder krank wenn sich unsere Gedanken immer wieder um diese Themen drehen. Es ist also viel besser sich gedanklich mit Gesundheit, Reichtum oder Glück zu beschäftigen.

Reiki auf die Kniechakren geben

Affirmationen:

Ich bin gesund und glücklich

Ich bin sicher und geschützt, nichts kann dies ändern

Ich bin voller Frohsinn und Heiterkeit, nichts kann mich erschüttern

Karte 53

Sei nett zu Deinen Mitmenschen

Hierbei handelt es sich um die 3. Lebensweisheit des Dr. Mikao Usui

Eine uralte Regel lautet: So wie man in den Wald hinein schreit schallt es hinaus. Dieser Satz sagt bereits alles. Gehe ich nett mit meinen Mitmenschen/ Umfeld um werden diese auch nett zu mir sein. Dies bedeutet, dass ich weniger Ärger habe und dadurch auch stets in meiner Mitte bin.

Wirkliche Weisheit bedeutet seine Feinde zu lieben. Versuchen Sie es ruhig einmal und Sie werden erstaunt sein wie positiv sich Ihr Leben dadurch verändert.

Affirmationen:

Mir fällt es leicht, andere Menschen zu lieben und zu akzeptieren.

Das Schöne, was ich in anderen sehe, ist auch in mir vorhanden.

Ich liebe und werde geliebt.

Karte 54

Verdiene Dein Brot ehrlich

Hierbei handelt es sich um die 4. Lebensweisheit des Dr. Mikao Usui

Nur wer ehrlich sein Brot verdient muss sich keine Sorgen machen entdeckt zu werden. Er muss sich auch nicht ärgern wenn er bei der Unehrlichkeit auffällt. Leider geht die Ehrlichkeit immer mehr verloren und damit auch die Verantwortung gegenüber unseren Mitmenschen. Gerade deshalb ist es wichtig wenn man in seinem eigenen Reich sehr großen Wert auf Ehrlichkeit legt. Es beginnt im Kleinen und endet im Großen.

Affirmationen:

Ich erkenne die Einzigartigkeit in jedem anderen Menschen.

Ich glaube an eine ausgleichende höhere Gerechtigkeit.

Ich bin Erfolg, weil ich mit anderen so umgehe, wie ich es umgekehrt auch von ihnen erwarte.

Karte 55

Sei dankbar für die vielen Segnungen

Hierbei handelt es sich um die 5. Lebensweisheit des Dr. Mikao Usui

Wenn wir ganz ehrlich sind, wie oft haben wir vergessen uns bei Reiki oder dem Reikianwender für dieses wundervolle Geschenk zu bedanken. Ein anderes Beispiel ist: Viele Menschen finden zu ihrem Gott wenn sie Hilfe benötigen. Aber wie viele davon bedanken sich wirklich nachher wenn es ihnen wieder gut geht? Bei großen Gaben bedanken wir uns selbstverständlich, aber es gibt so viele kleine Dinge welche uns glücklich machen können und oft nehmen wir dies noch nicht einmal bewusst wahr. Wir nehmen diese Dinge als gegeben hin. Wer bedankt sich schon bei einem Schmetterling, welcher sich vertrauensvoll auf unsere Schulter setzt? Dabei ist auch dies eine der vielen Segnungen für uns.

Affirmationen:

Ich genieße die Fülle in meinem Leben und gebe sie an andere weiter.

Ich spüre die Naturkräfte in mir aufsteigen und herausdrängen.

Die Reiki Lebenskarten

Sie können einfach in diesem Buch eine Seite aufschlagen und die Reiki Lebensweisheit dort nutzen. Aber Sie können auch gerne die Reiki Lebenskarten dazu kaufen und mit diesen Karten arbeiten. In dem Kartendeck befinden sich alle 55 Reikiweisheiten. Sie finden die Reiki Lebenskarten im Shop von www.Kummerkastensaar.de oder auf www.Reiki-Zentrum-Saar.de

Sie können entweder aus dem Stapel eine Karte ziehen, oder einfach nach dem Mischen drei Stapel machen, wobei Sie dann die oberste Karte des mittleren Stapels nehmen. Auf jeder Karte steht ein Reiki Lebensspruch der dann auch zu Ihnen passt. Verlassen Sie sich ganz auf Ihre Intuition beim Ziehen der Karte.

In diesem Buch finden Sie weitere Hilfen zum Text der jeweiligen Karte.

Weitere Bücher vom gleichen Autor:

Reiki-Ratgeber für Tiere
und andere sanfte Heilmethoden

ISBN 978-3-8370-7255-6

Paperback

104 Seiten

€ 8,50 (inkl. MwSt.)

Der Autor Wolfgang Kellmeyer ist schon seit vielen Jahren als Reikilehrer und Tierheilpraktiker tätig. In dieser Zeit sammelte er viele Erfahrungen mit Tieren und Reiki. Diese Erkenntnisse möchte er durch dieses Buch weitergeben. Darüber hinaus finden sich viele Informationen über Bachblüten, Edelsteine und andere Heilmöglichkeiten in diesem Buch.

Keinesfalls sollen die Anregungen den Besuch beim Tierarzt oder Tierheilpraktiker ersetzen sondern sie stellen lediglich eine Ergänzung zu der Tiermedizin dar.

Inhalt

www.Kummerkastensaar.de

Autor: Wolfgang Kellmeyer

ISBN-13: 9783837081404

Herstellung und Verlag: Books on Demand GmbH, Norderstedt (www.bod.de)